Pierre Pradervand

Gérer mon argent dans la liberté

jouvence EDITIONS

Pierre Pradervand aux Éditions Jouvence

Le grand oui à la vie, 2009
Vivre sa spiritualité au quotidien, 2007 (nvelle éd.)
Apprendre à s'aimer, 2006
Vivre le temps autrement, 2004
Messages de vie du couloir de la mort,
avec Roger McGowen, 2003
Le bonheur, ça s'apprend, 2001
Plus jamais victime, 2001

Extraits du catalogue Jouvence

Résoudre ses problèmes, c'est possible !,
Julian Sleigh, 2008
Se désencombrer de l'inutile,
Rosette Poletti & Barbara Dobbs, 2008
S'aimer tel que l'on est, Chantal Calatayud, 2004
Donner du sens à sa vie,
Rosette Poletti & Barbara Dobbs, 2002
Vivre au positif, Marie-France Muller, 1997

Catalogue gratuit sur simple demande

ÉDITIONS JOUVENCE
France : BP 90107 – 74161 Saint Julien en Genevois Cedex
Suisse : CP 184 – 1233 Genève-Bernex
Site internet : **www.editions-jouvence.com**
Mail : info@editions-jouvence.com

ISBN 2-88353-401-2

Mise en page : Éditions Jouvence
Couverture : Dessin de Jean Augagneur

TABLE DES MATIÈRES

Préface de l'éditeur

Marquer d'une pierre blanche un centenaire ou le centième d'une collection est une tradition qui a son sens, si elle ne nous fait pas oublier qu'il faut en réalité célébrer chaque année ou numéro avec le même émerveillement et le même enthousiasme.

Mais si un centenaire couronne une existence qui se tourne alors parfois vers son déclin ou la nostalgie du passé, le centième de la collection "Pratiques Jouvence" célèbre au contraire le début d'une identité, d'un potentiel éditorial intact : potentiel de renouvellement et de créativité pour l'éditeur, de questionnement et d'évolution pour le lecteur.

En général, on célèbre ce type d'événements avec ses amis et proches partenaires. Comme je tiens à respecter cette coutume, j'associe le centième numéro de la collection non seulement aux collaborateurs de Jouvence que je remercie pour leur engagement, leur conscience professionnelle, leur volonté de me suivre dans cette aventure éditoriale ; mais aussi aux auteurs qui nous accordent leur confiance et nous enrichissent de leur expérience qu'ils savent si bien partager et communiquer. Ce sont là des signes de reconnaissance qui nous motivent dans notre travail. Enfin, c'est avec Pierre Pradervand que je souhaite particulièrement partager cet heureux anniversaire. Plus qu'un ami, Pierre m'a souvent rappelé – par ses mots, ses actions, ses encouragements et sa disponibilité – le vrai sens de l'intégrité et de la cohérence entre les pensées et les actes, l'importance des valeurs éthiques et de l'engagement. C'est un cadeau dans ma vie, dont Pierre est le passeur.

Le thème de l'argent n'est pas anodin. En effet : « ***Comment faire comprendre à un poisson ce qu'est l'air alors qu'il vit dans l'eau, alors que c'est justement l'air qui le fait vivre ?*** ». Vous l'avez compris. L'eau, c'est l'argent, la valeur marchande, alors que l'air représente les valeurs, celles qui donnent sens. C'est la question essentielle de Pierre dans ce livre et ce sera à vous de trouver la réponse la plus appropriée.

Ami ou ennemi ? L'argent est un partenaire de tous les jours et mieux vaut avoir des relations claires avec lui et ne pas lui laisser prendre trop de place car il vous cache bien souvent d'autres réalités : celle de la joie de l'instant présent, de la conscience d'être, de la simplicité et du partage.

En ce sens l'argent peut aussi être un extraordinaire outil de développement personnel - que vous en ayez à suffisance ou que vous en manquiez, car c'est **votre relation à l'argent** que vous examinez !

C'est vous en effet qui êtes responsable de cette relation. Et la seule personne qui puisse vous rendre heureux, c'est vous-même, pas l'argent !

Jacques Maire, *éditeur*

« La plupart des hommes manquent d'imagination :
ils ne voient pas que ce qui est pourrait ne pas être.
Ils ne voient même pas que ce qui est pourrait être
autrement ; ils ne distinguent pas, au-delà de ce qui
existe, le possible. Il faut leur faire voir le possible, et
qu'il ne tient qu'à eux
de le réaliser »

Charles-Ferdinand Ramuz,
***Besoin de grandeur*.**

Je dédie ce livre à Arlette Zufferey,
créatrice et animatrice du réseau Troc'Actif
de Sierre (Suisse), pour sa vision d'un
autre possible.
Merci, Arlette, pour ton extraordinaire dynamisme, ta capacité à mobiliser les autres,
et ta vision d'un monde qui marche pour tous.

INTRODUCTION

Après un des stages *Vivre Autrement* sur l'argent que j'organise depuis de nombreuses années, un participant, Gérard, un homme jeune, m'écrivait :

« Depuis que j'ai suivi ton cours sur l'argent en début d'année, ma vie a changé. Je suis plus relaxe, plus créatif, je découvre de nouvelles choses. Mes échanges et ma communication avec les autres se développent beaucoup. Au travail, de nouvelles capacités surgissent et mon efficacité me surprend.

Bien sûr, il y a des hauts et des bas. Mais les vagues de progrès viennent toujours plus hautes et plus rapprochées.

C'est fou ce que l'on peut aller mieux quand on n'a plus peur de l'argent. »

Depuis la nuit des temps, l'humanité est hantée par de grandes peurs – avant tout la peur du manque – ce qui explique que la recherche de sécurité est sans doute la recherche la plus fondamentale de l'être humain.

Dans les stages *Vivre Autrement* que j'anime, nous entreprenons avec les participants un jeu d'association de mots liés à l'argent. Deux mots reviennent toujours : moyen d'échange, et surtout sécurité.

Si les gens n'ont, pour la plupart, pas trouvé la paix dans leurs liens avec l'argent, c'est parce que la peur du manque d'argent symbolise - dans nos sociétés dominées par l'économie et l'argent – la peur du manque tout court. De nombreuses années passées à parcourir la planète dans tous les sens, à travailler avec des gens de toutes les races et cultures, et de tous les milieux sociaux, m'ont convaincu que la peur du manque est le problème Numéro Un de la race humaine : manque de ressources de toutes sortes (matérielles, psychiques, sociales…), manque d'intelligence ou d'amour, manque de santé ou de temps, manque de possibilités, manque d'espoir, manque de vision et d'alternatives, manque de courage, manque de travail ou de formation, et surtout manque de vision d'un autre possible (comme le souligne Ramuz dans la citation en exergue de cet ouvrage)… la liste est quasi infinie.

En Europe, jusqu'au milieu du XIXe siècle, à cause d'une démographie aléatoire due aux grands fléaux, la peur du manque de descendants dominait. La peur du manque de nourriture a hanté nos pays occidentaux jusqu'à la même époque ;

la peur de la maladie (manque de santé) préoccupe encore notre race, où dans certaines régions le sida a remplacé la peste en tant que Grande Faucheuse. Manque de savoir : l'analphabétisme n'a commencé à disparaître de nos régions qu'au XIXe siècle, et un tiers de la population mondiale est encore analphabète ; manque de sécurité physique : la guerre et les brigandages étaient la norme pendant des millénaires, et voici que le terrorisme les remplace !

Cette peur du manque a profondément marqué le subconscient collectif de nos sociétés, à tel point que même le fait d'être multimillionnaire ne garantit pas d'y échapper. L'anglais William Bloom, dans son livre *Money, Heart and Mind* (L'argent, le cœur et l'esprit) constate : « *Nombre des personnes les plus riches que je connais sont désespérément insécurisées. J'ai mangé en compagnie de millionnaires qui avalaient anxieusement la nourriture empilée sur leur fourchette comme si on allait la leur arracher… La possession effective d'argent n'a strictement rien fait pour calmer ou guérir la blessure fondamentale qu'ils portent en eux* », à savoir la peur du manque.

Quand la peur due au manque d'argent disparaît (car, encore une fois, dans notre société totalement dominée par l'économie, l'argent symbolise la sécurité, l'abondance) tellement d'autres choses se débloquent au niveau personnel, comme

Gérard en a fait l'expérience. C'est aussi pour cela que travailler sur ses propres attitudes face à l'argent constitue un des plus puissants outils de développement personnel qui soit, comme je le remarque dans les stages *Vivre Autrement* depuis 12 ans. Quand on devient plus à l'aise dans ses rapports à l'argent, quand on arrive à dénicher et dissoudre les vieux blocages, toutes sortes de choses commencent à bouger, et de nouvelles prises de conscience voient le jour. C'est ce que souligne ce courrier électronique reçu d'une jeune fonctionnaire internationale après un de mes stages sur l'argent.

« Cela fait maintenant un mois depuis notre stage sur l'argent, et il y a encore, pour moi, matière à analyser. C'est vraiment incroyable ce que je peux en tirer comme bénéfice. J'ai pu trouver énormément de clés non seulement à mon utilisation de l'argent, mais surtout pour la gestion de ma vie émotionnelle et en général. Stupéfiant. Je n'avais par exemple jamais compris auparavant que je cherchais à dominer et à contrôler les autres en rendant des services et en donnant des cadeaux et de l'argent. J'ai aussi compris que certaines de mes attitudes face à l'argent, les relations, les sentiments, la vie en général sont teintées par un lourd héritage familial : les uns et les autres se contrôlaient grâce à l'argent. (Subtilement, bien sûr, tellement subtilement que je n'y avais vu que du feu) ».

Or, la course à l'argent semble être devenue l'obsession Numéro Un de nos sociétés, et introduit de plus en plus de dysfonctionnements qui bientôt deviendront totalement ingérables. On parle de « gagner sa vie », mais trop de nos contemporains perdent leur vie à la gagner, quand ils ne gagnent pas leur mort, comme le soulignent Dominguez et Robin dans un des deux meilleurs livres sur ce thème que j'aie lus (voir bibliographie).

L'objectif de ce livre

Nous vivons dans une société dont la grande majorité des habitants ont des rapports particulièrement complexes, souvent compliqués voire tourmentés avec l'argent. En lisant ce livre, j'espère que vous atteindrez, vous et moi, chère lectrice, cher lecteur, les objectifs suivants :

- Comprendre comment l'argent est né et ce qu'il représente vraiment. En effet, comme les liens des individus avec l'argent sont le reflet du type de société dans laquelle ils vivent, je commencerai dans une première partie par poser quelques jalons sur les dimensions historiques, économiques et sociales de cette chose extrêmement étrange qu'est l'argent, que même certains spécialistes disent à peine comprendre. C'est Alan Greenspan, le président du célèbre « FED » américain (Federal Reserve Bank), organisme qui contrôle les taux d'intérêt aux USA, parlant d'une de ses déclarations sur l'argent, disait pince-sans-rire « Si vous m'avez compris, c'est que je n'étais pas clair ». Je tâcherai de l'être dans ce livre !

Cette première section présente ce que je considère comme le minimum absolu qu'une personne qui se veut quelque peu informée sur ce thème complexe devrait comprendre en vue de fonctionner dans le monde contemporain.

Ensemble nous chercherons à comprendre pourquoi, dans le cadre du système économique libéral, il mène le monde par le bout du nez.

J'espère que vous comprendrez à quel point nous sommes tributaires du système qui nous entoure (et qui souvent nous harcèle ou nous lie à notre insu), et l'importance pour vous d'adopter une stratégie de vie qui vous permette d'acquérir une certaine autonomie face à la « macdonaldisation » culturelle et économique du monde qui cherche à imposer un style de vie unique à tous.

Il est tout à fait possible de simplement parcourir cette première section, voire à la rigueur de la sauter, mais je pense que sa compréhension donnera plus de force et de vision à vos choix de vie concernant l'argent.

• Apprendre, dans la deuxième partie, les outils qui vous permettront de développer avec l'argent des relations d'amitié, de liberté et de joie, plutôt que de confrontation saccadée et de possession inquiète, voire coupable. « L'argent est un bon serviteur mais un mauvais maître » dit la sagesse populaire. Combien de nos contemporains vivent vraiment cela ? Ceci implique que vous ayez répondu à un certain nombre de questions fondamentales sur vos objectifs de vie qui sont abordées au début de cette deuxième partie.

• Présenter dans la dernière section quelques éléments d'une approche spirituelle face à la gestion de l'argent (ce que j'appelle ***l'économie de la grâce***, qui a ses propres lois, fort différentes de celles de ***l'économie de la contrainte*** qui gouverne nos pays). En effet, depuis quelques années, un réveil remarquable de la spiritualité voit le jour dans tous les pays du Nord – sans doute en partie en réaction à une vie trop souvent axée uniquement sur le matériel, ce qui n'apporte pas l'ombre d'une réponse aux grandes questions de l'existence.

• Vous aider à définir votre intégrité financière et à la vivre. Ce concept est développé dans *Votre vie ou votre argent*, de Joe Dominguez et Vicki Robin, auteurs auxquels ma réflexion sur l'argent doit beaucoup. Ils définissent cette intégrité comme la compréhension de l'impact réel de notre revenu et notre façon de dépenser, tant sur la famille que la précieuse petite planète sur laquelle nous habitons. L'intégrité financière consiste également à savoir ce que c'est d'avoir assez – d'argent et de biens – pour en jouir intelligemment, sans jamais tomber dans l'excès. Avant tout, cela signifie aligner tous les aspects de nos finances et de nos dépenses avec nos valeurs profondes.

Ceci implique ce que j'appelle dans mon livre *Découvrir les vraies richesses* une ***trajectoire de cohérence***, trajectoire qui prend souvent toute une vie, car les préférences et les valeurs des individus évoluent, elles aussi, avec le temps.

Le monde dans lequel nous vivons regorge de gourous qui parcourent le monde avec leurs recettes « maison » pour les problèmes de la planète et de ses habitants. Alors *ne croyez pas un seul mot de ce que je vous présente ici avant de l'avoir démontré, prouvé dans votre propre vie.* La seule vérité qui puisse fonctionner pour vous est constituée par une idée, une intuition que vous avez intériorisée, digérée, reformulée, testée au feu de la vie et forgée sur l'enclume de votre quotidien, puis mise en pratique à votre manière. Car absolument tout ce que nous faisons commence par une pensée (même les émotions) et personne ne peut vraiment penser pour vous, à moins que vous ne consentiez à lui donner plus d'autorité qu'à vous-même sur la façon de mener votre vie.

Je ne peux pas terminer cette introduction sans mentionner le livre tout à fait remarquable de Bernard Lietaer, qui fut un des directeurs de la Banque de Belgique et un des pères de l'euro,

The Future of Money (malheureusement pas traduit en français) auquel cette première partie doit beaucoup. C'est de très loin le meilleur livre sur les dimensions collectives – culturelles, économiques et autres – de l'argent que je connaisse.

Mon vœu le plus sincère pour vous, chère lectrice, cher lecteur, c'est qu'en terminant ce livre, vous puissiez faire l'expérience d'une relation plus libre, joyeuse et détendue face à ce qui fait courir toute une planète : l'argent.

PARTIE I

La dimension collective de l'argent

Le fric, la braise, le flouze, le cash, les pépettes, le blé, la fraîche, le radis, le pèse, la tune, la balle, le pognon, l'artiche, l'oseille…

L'argent, qu'il soit chaud ou froid, propre ou sale a, dans le langage populaire, de nombreuses dénominations qui en soulignent l'importance dans notre société. On dit que les Esquimaux ont plus de 20 mots pour décrire la neige (je n'ai jamais été vérifier sur place ce point d'ethno-linguistique), mais la liste ci-dessus non-exhaustive montre l'importance centrale de l'argent pour nous.

Un éditorialiste romand parlait il y a quelques années déjà de « l'attirance pour l'argent, promu valeur centrale par une société qui ne cesse de l'exalter. Dans sa vie quotidienne, l'homme de la rue est tenté de ne plus exister que par ce qu'il gagne, par la place que ses ressources lui permettent d'occuper dans cette société ». Et à la même époque le Dr Philippe Lagarde, cancérologue français de renommée internationale, déclarait sans ambages dans l'hebdomadaire suisse *Coopération* : « Admettons que demain quelqu'un découvre une substance qui guérisse du cancer. Ce serait une *catastrophe financière mondiale*. Si cela devait arriver, je ne vais pas jusqu'à dire qu'on empêchera cette découverte de passer, mais on l'empêchera *le temps qu'il faudra pour permettre au marché de se restructurer*. »

En 2001 on pouvait lire dans un quotidien romand un article avec le titre suivant plus que révélateur : « Les mères perdent 15 milliards par an pour élever leurs enfants ». L'article expliquait que les mères suisses renonçaient à 600 millions d'heures de travail rémunéré pour s'occuper de leur famille.

Voilà que l'activité sociale *de loin la plus fondamentale d'une société* est non seulement traitée de « perte », mais en plus l'article donne l'impression que ces femmes ne travaillent même pas, puisqu'elles « renoncent » à 600 millions d'heures de travail.

Élever les enfants : un passe-temps pour femmes désœuvrées ?

Mais l'expression la plus révélatrice de toutes sur le plan culturel est la fameuse expression « Time is money » (« le temps c'est de l'argent »).

J'ai eu le privilège au cours d'une vie très riche et active de voyager ou vivre, faire de la recherche ou étudier, dans plus de 40 pays des cinq continents. J'ai vécu dans des cultures très différentes. Jamais, au grand jamais, je n'ai rencontré une expression aussi triste, aussi culturellement pathologique, que celle-là. Comment quelque chose d'aussi extraordinairement riche que le flux de la vie et l'instant présent pourraient-ils vraiment être transformés en argent ?

Demandez à une femme qui allaite, un couple qui fait l'amour, un poète qui rêve étendu dans un pré, ou à un curé qui officie à la messe ce qu'ils pensent de ce slogan de chronophages (mangeurs de temps) malades. Pourtant, *rien ne résume mieux le mécanisme de base de l'économie contemporaine que ce bref slogan.*

Vivons-nous dans un monde de fous ?

Au niveau économique, de plus en plus de personnes le pensent.

C'est un fait que l'argent semble devenir une obsession pour nombre de nos contemporains, et avant tout pour le système économique. Depuis de nombreuses années, j'ai le privilège de donner des cours de préparation à la retraite à des personnes issues de tous les milieux économiques : grandes banques et PME, institutions publiques et privées, indépendants, grandes entreprises et multinationales, de l'ouvrier au directeur. *Toutes sans exception* me répètent le même refrain : nous sommes heureux de partir, de quitter ce système économique devenu fou, où il n'y a plus qu'une seule chose qui compte : le rendement, le rendement, le rendement.

Ce dernier est le nouveau dieu permettant d'atteindre de meilleurs résultats financiers, ces derniers étant devenus la finalité par excellence du système. Avec des actionnaires de plus en plus exigeants, et des compétiteurs prêts à vous avaler à la moindre défaillance, seul compte le bénéfice financier obtenu grâce à une efficacité toujours accrue des méthodes de production.

L'argent devrait rester ce qu'il était à l'origine : un simple moyen d'échange, un système d'information sur la valeur relative des biens et des services. Mais il est devenu, avant tout par le mécanisme de l'intérêt, une source de « richesse » en lui-même (en tout cas de richesse financière, qui est, il est vrai, très différente de la vraie richesse). Plus vous avez de l'argent, plus vous pouvez en amasser. C'est quand même étonnant ! Car comme le dit un petit poème anonyme qu'une participante de mes stages sur l'argent m'a donné :

Avec de l'argent, vous pouvez acheter :
Un lit, mais pas le sommeil.
De la nourriture, mais pas l'appétit.

Des bijoux, mais pas la beauté.
Des livres, mais pas l'intelligence.
Des médicaments mais pas la santé.
Des tranquillisants mais pas la paix.
Le plaisir mais pas la joie.
Le confort, le luxe, mais pas le bonheur.
Une certaine réputation, mais pas une
bonne conscience.
Des relations, mais pas un véritable ami.
Une assurance sur la vie, mais pas sur la mort.
Une place au cimetière, mais pas dans le ciel.

C'est pourquoi il ne faut pas s'en faire !

Mais il importe de souligner que l'argent a également des dimensions très positives. En lui-même, l'argent constitue une des plus merveilleuses inventions de l'humanité – surtout si on prend la définition qu'en donne Bernard Lietaer :

> L'argent est ***un accord*** au sein d'une communauté pour utiliser quelque chose comme moyen de paiement.

Si, dans votre ville, tout le monde se mettait d'accord pour utiliser le soulier gauche, ou les capsules de bouteille de bière, ou les cigarettes comme argent (comme à Saravejo pendant la guerre civile des années 90), cela fonctionnerait.

D'ailleurs Lietaer donne dans son livre de nombreux exemples de communautés contemporaines qui ont créé des sortes d'argent tout à fait différentes du système dominant et qui fonctionnent parfaitement. Donc, première constatation importante : *la valeur de l'argent dépend entièrement de la confiance qu'une collectivité place en lui.*

L'argent a permis un développement extraordinaire du commerce et des échanges de biens et services au niveau de la planète. Il a permis un essor prodigieux du bien-être matériel, qui constitue quelque chose de plus qu'appréciable tant que son usage reste dans des limites décentes. Il permet un échange instantané de biens et services dans n'importe quelle partie du monde. Grâce à lui, vous pouvez, par un simple clic sur votre ordinateur, commander ce que vous désirez en Nouvelle Zélande, en Allemagne ou en Alaska. Si l'argent permet l'achat de canons et de la pornographie, il peut aussi servir à construire des hôpitaux et des routes.

Alors, pour vous préparer à mieux gérer votre argent, voici un premier petit exercice. (Dorénavant dans ce livre, quand vous voyez le symbole ♥, c'est un exercice qui vous est proposé. Si vous choisissez de ne pas le faire, cela n'entravera en rien votre bonne compréhension du texte).

♥ Rédigez votre propre définition de l'argent.

♥ Faites une liste de tous les aspects POSITIFS de l'argent dans votre vie.

Nos pensées (notamment concernant l'argent) constituent des schémas ou réseaux d'énergie qui peuvent devenir une réalité en eux-mêmes. Dans un ouvrage déjà cité, William Bloom explique que pendant des millénaires, l'argent a constamment été entouré de tellement d'émotions et de pensées puissantes et intenses que ces dernières ont acquis une véritable autonomie. Elles sont comme un brouillard omniprésent, mais totalement invisible aux sens (que certaines personnes psychiquement très sensibles peuvent ressentir). Elles sont devenues en quelque sorte des entités énergétiques, porteuses de leur propre énergie positive ou négative. « Des millénaires d'anxiété et de cupidité, mais aussi d'inspiration, de plénitude et d'assouvissement, ont créé une entité « argent » en tant que *forme pensée ou archétype* et qui existe dans l'expérience psychique de l'humanité » - en d'autres termes dans ce qu'on appelle le subconscient collectif de l'humanité.

Il est important de comprendre que lorsque, par exemple, nous sommes soucieux concernant un manque d'argent, nous ne faisons pas seulement l'expérience de notre propre peur, mais de la puissance dégagée par l'archétype « peur de manquer d'argent » et auquel nous sommes sensibles à notre insu.

♥ Quelle est votre pire peur concernant l'argent ? (De la définir constitue un premier pas pour vous en libérer.)

Pour vous aider à vous libérer de cette peur, vous pouvez, après avoir fait quelques respirations profondes et lentes, répéter quotidiennement l'affirmation suivante, lentement et à haute voix, deux à trois fois :

« *Cette peur que je ressens est avant tout la croyance collective qui s'est créée à partir de l'anxiété historique touchant à l'argent. Je choisis de m'en détacher. Je choisis d'être libre et fort. Je vis dans un univers d'une abondance infinie, abondance qui est à ma disposition maintenant* ».

(adapté de W. Bloom)

L'histoire de l'argent

Le premier rôle de l'argent a été de faciliter les rapports humains et communautaires. Il ne fut pas inventé comme unité monétaire pour faciliter le commerce. En d'autres termes, il n'est pas né de la recherche d'un moyen d'échange, pas plus qu'il ne fût conçu à l'origine comme moyen de stocker la richesse.

Bien que l'origine exacte de l'argent reste mystérieuse, dans ses premières formes il constituait un symbole relié aux pratiques sacrées des communautés.

Un bon exemple est le shekel des Sumériens, probablement la plus ancienne forme connue d'argent. Selon Lietaer, les fermiers de l'époque l'utilisaient pour le paiement des rapports sexuels sacrés avec les prêtresses d'Ishtar, la déesse de la vie, de la mort et de la fertilité. En effet, le temple était non seulement un lieu de culte et de cérémonies sacrées, mais servait également d'endroit pour stocker les réserves de grain. Les paysans recevaient des shekels en échange pour leur grain, et ces pièces leur permettaient de visiter les prêtresses du temple pendant les fêtes religieuses.

Au début, des objets aussi hétéroclites que différentes sortes de dents, les coquillages, le tissu fait d'écorce, les tambours, la cire d'abeille, les briques de thé ou de sel, les anneaux de toutes sortes, les noix de coco, l'ivoire, le jade, les gongs, les œufs, l'ambre… la liste est presque infinie, furent utilisés comme forme d'argent primitif. *L'argent est né d'un instinct de donner, de créer des relations sûres entre les membres d'une communauté.* En d'autres termes, ces objets ci-dessus, servirent d'abord une fonction sociale, culturelle ou religieuse. Ce n'est que plus tard qu'ils furent utilisés comme moyen d'échange, et cela uniquement parce qu'ils avaient acquis une valeur symbolique dans la communauté en question. *Il y avait un accord tacite, dans cette communauté, sur l'utilisation d'un certain objet comme moyen d'échange.*

Un exemple classique nous est fourni par les Lele du Congo. Jusqu'au milieu du siècle dernier encore, selon Jonathan Williams, du British Museum de Londres, les paiements que les Lele faisaient avec des tissus spéciaux à base de raphia avaient pour objectif de renforcer les liens sociaux entre membres du groupe, par exemple comme paiement pour entrer dans des sociétés secrètes, comme dot ou récompense aux femmes qui accouchaient, comme tributs aux chefs ou compensation pour des blessures subies lors de conflits tribaux, etc. Cette même « monnaie » en tissu pouvait également être utilisée pour l'achat de biens, mais cette utilisation était considérée comme marginale par rapport à son utilisation symbolique pour renforcer les liens dans le groupe

ARISTOTE - ÉTHIQUE à NICOMAQUE

"Il faut que toutes choses soient en quelque sorte comparables quand on veut les échanger. C'est pourquoi on a recouru à la monnaie, qui est, pour ainsi dire, un intermédiaire. Elle mesure tout, la valeur supérieure d'un objet et la valeur inférieure d'un autre… Ce rapport ne serait pas réalisé s'il n'existait un moyen d'établir l'égalité entre des choses dissemblables. Il est donc nécessaire de se référer pour tout à une mesure commune…
Et cette mesure, c'est exactement le besoin que nous avons les uns des autres, lequel sauvegarde la vie sociale ; car sans besoins, et sans besoins semblables, il n'y aurait pas d'échanges, ou les échanges seraient différents…"

La monnaie est devenue, en vertu d'une convention, pour ainsi dire un moyen d'échange pour ce qui nous fait défaut… Ces échanges réciproques auront lieu quand on aura rendu les objets égaux. Le rapport qui existe entre le paysan et le cordonnier doit se retrouver entre l'ouvrage de l'un et celui de l'autre. C'est le besoin qui maintient la société, comme une sorte de lien… S'il n'y avait pas d'échanges, il ne saurait y avoir de vie sociale ; il n'y aurait pas davantage d'échange sans égalité, ni d'égalité sans commune mesure. Notons qu'en soi il est impossible, pour des objets si différents, de les rendre co-mesurables entre eux, mais, pour l'usage courant, on y parvient d'une façon satisfaisante. Il suffit de trouver un étalon quel qu'il soit - et cela en vertu d'une convention, d'où le nom de *nomisma* donné à la monnaie. Elle soumet tout, en effet, à une même mesure ; tout s'évalue en monnaie.

Par la suite, l'argent et l'or prirent une place dominante comme moyen de paiement. À la fin du Moyen Âge en Europe, les orfèvres étaient considérés comme les plus qualifiés pour vérifier la pureté des pièces de monnaie en or. Ils avaient des coffres-forts pour protéger leurs stocks d'or. Pour cette raison, on commença tout naturellement à déposer ses réserves d'or chez l'orfèvre, qui donnait un reçu en échange de l'or et percevait une modeste somme pour le stockage.

Quand les détenteurs de l'or en avaient besoin, ils revenaient avec leur reçu et l'orfèvre leur remettait leur or. Mais par la suite, les gens commencèrent à faire leurs paiements simplement avec les reçus qui mentionnaient la valeur de l'or en dépôt. Petit à petit, les reçus devinrent des promesses de paiement.

« Un orfèvre entreprenant », explique Lietaer, *« observa qu'il pouvait émettre des reçus en excès de l'or stocké, parce que les déposants ne viendraient jamais tous en même temps récupérer leurs pièces d'or. De cette façon, il pouvait accroître son revenu sans avoir à accroître ses réserves.*

C'est de cette façon que le papier-monnaie européen et le système bancaire « moderne » naquirent simultanément sur les bancs des orfèvres italiens du XIIIe siècle. Tous les ingrédients étaient là : le papier-monnaie, l'importance de la bonne réputation de l'orfèvre, puis du banquier, et surtout le système de réserve fractionnel, ce terme signifiant simplement que la banque [centrale] peut créer plus d'argent qu'elle n'en détient dans ses coffres ».

Il est essentiel de comprendre que la fragilité extraordinaire de tout le système bancaire mondial tient au fait que l'argent constitue *une croyance concernant une croyance.*

Vous êtes un bijoutier aux Quai des Bergues à Genève. Un touriste vient vous acheter une montre valant 3 000 CHF (2 000 €) et vous acceptez en paiement un petit bout de papier mentionnant que celui-ci vaut 3 000 CHF *parce que vous le croyez.* Et ce bout de papier le vaut effectivement (du moins aujourd'hui) uniquement parce que des banquiers et commerçants dans le monde entier ont une grande confiance dans le franc suisse, et parce qu'ils pensent que le pays est bien géré, la Banque nationale suisse leur a fait savoir qu'elle avait de très importantes réserves d'or (ils ne sont jamais venus le vérifier). Mais si pour une raison ou une autre, ils perdaient confiance dans le franc suisse, tout le château de cartes s'effondrerait. C'est ce qui est arrivé au peso mexicain en 1994, au baht thaï en 1997, au rouble russe en 1998.

Une chaîne de croyances n'est pas plus solide que son maillon le plus faible. À l'échelle mondiale, nous marchons, financièrement parlant, sur des œufs, et l'omelette finale nous guette au coin de la rue. On peut *espérer* que ce jour n'arrivera pas ! Nous vivons avec un système basé entièrement sur la confiance. Si celle-ci disparaissait (les chances sont de 50 % selon les spécialistes) le système entier s'effondrerait.

♥ Que feriez-vous si demain, en sortant, vous voyiez sur les manchettes des journaux « *Effondrement du système monétaire mondial. Votre argent ne vaut plus rien… ce journal non plus* » ? (Réponse plus loin).

Depuis moins d'une génération, il y a eu plus de changements dans le système bancaire que dans les deux siècles précédents. De nouvelles formes de paiement existent qui vont des cartes de crédit les plus variées, en passant par toutes sortes de systèmes de bonus (comme les kilomètres passagers que vous pouvez accumuler sur les lignes aériennes ou les points bonus des chaînes de supermarchés) et par des systèmes totalement différents comme les SEL (Système d'échange local voir Partie II) et de nombreux autres systèmes « alternatifs » qui fonctionnent à merveille mais sur une échelle très restreinte. Ils ont entre autres le mérite de faire comprendre *qu'un « autre possible » est parfaitement réalisable.**

* Sur internet, dans le moteur de recherche Google, édition française, on trouvera près d'un millier de références à Bernard Lietaer, notamment sur la possibilité de créer des systèmes monétaires entièrement différents.

Un monde devenu fou de l'argent

Le directeur des filiales helvétiques d'une des plus grandes banques françaises, parlant des banquiers en général, avouait avec une candeur désarmante : « Nous sommes les grands prêtres du culte de l'argent » (*Le Temps* du 16 février 2003). Cela situe bien la place de l'argent dans nos sociétés : il fait bien l'objet d'un culte.

Pourtant, *l'argent comme facteur économique n'a aucune valeur en lui-même*. On n'insistera jamais assez sur ce fait élémentaire. Une affiche de Greenpeace sortie il y a quelques années montrait une belle Indienne d'Amérique du Nord debout sur un rocher qui disait : « Quand le dernier arbre aura été abattu, quand la dernière rivière aura été empoisonnée, quand le dernier poisson aura été capturé, c'est à ce moment seulement que vous réaliserez que l'on ne peut pas manger de l'argent ».

Malgré cela, le monde s'adonne à une véritable boulimie de l'argent. Actuellement, des transactions d'une valeur d'environ 2 500 milliards de dollars ont lieu tous les jours sur les marchés financiers – dont 98 % sont constitués d'échanges purement spéculatifs (surtout l'achat et la vente de devises) *et seuls 2 % paient des échanges « réels » de biens et services.*

Cette course obsessionnelle au gain financier suscite paradoxalement de plus en plus de pauvreté, et crée des disparités croissantes entre riches et pauvres, notamment à cause du mécanisme de l'intérêt que nous examinerons dans un instant.

George Soros, un des financiers les plus avisés et respectés de la planète (et un des plus habiles puisqu'en septembre 1993 il gagna en une semaine plus d'un milliard de dollars en spéculant contre la livre sterling), dans son ouvrage *Le défi de l'argent*, écrit : « Il y a quelque chose d'obscène dans le fait qu'on puisse, comme moi, gagner autant d'argent ».

Le mot obscène n'est pas excessif. Dans un monde où, selon la Banque Mondiale, environ 60 % de la population de la planète survit avec trois dollars par jour ou moins et 1,3 milliard avec un dollar ou moins par jour, 356 multimilliardaires ont une fortune équivalente à environ trois milliards d'habitants ! Les 15 plus grandes multinationales ont un revenu cumulé supérieur au produit intérieur brut (un indice qui mesure la richesse créée par l'économie d'un pays) de 120 pays de la planète.

Deux mécanismes entre autres poussent à ces écarts croissants entre riches et pauvres : la globalisation de la concurrence et du marché et le mécanisme de l'intérêt.

Dans un marché devenu mondial, les entreprises n'ont plus qu'une seule finalité : le profit financier maximum à tout prix. La recherche des coûts de production les plus bas les fait émigrer vers les pays où la main-d'œuvre est meilleure marché et les droits des travailleurs minimes, voire inexistants. Ceci suscite une concurrence absolument féroce – le mot n'est vraiment pas excessif – où les plus forts ou les plus malins l'emportent. Aux dépens des faibles.

Ainsi, Anita Roddick, fondatrice du Body Shop, déclarait dans le journal romand *Le Temps* du 20 novembre 2003 qu'entre 2001 et 2003, de nombreuses usines au Mexique ont dû fermer leurs portes, leur salaire horaire étant trop élevé (1,26 $ l'heure, environ l'équivalent en euros). Les entreprises commanditaires comme Alcoa Fujkura sont parties sous des cieux plus « cléments », comme le Honduras, où elles peuvent fabriquer leurs pièces détachées pour voitures à 59 cents américains. Mais il y a encore mieux : au Nicaragua, ce même salaire horaire est de seulement 40 cents, et 27 cents en Chine. Au Bangladesh, quand les ouvrières d'une usine fabriquant des T-shirts pour Disney, et payées 5 cents par T-shirt vendu aux USA 17,99 $ ont demandé un jour de congé par semaine, Disney a retiré ses commandes.

L'homme est mis au service du capital, plutôt que le capital au service de l'homme. C'est vraiment le monde à l'envers.

Le mécanisme de l'intérêt ou la courbe du diable.

On raconte que le jeu d'échecs fut inventé par un courtisan de l'empereur de Perse. Ce dernier fut à ce point enchanté qu'il promit à l'inventeur d'exaucer tout vœu que ce dernier pourrait formuler. Fin mathématicien, ce dernier répondit humblement qu'il se contenterait de grains de blé : un grain sur la première case du jeu, deux sur la deuxième, quatre sur la troisième, huit sur la quatrième est ainsi de suite. L'empereur crut d'abord à une plaisanterie et fut fort vexé, jusqu'à ce qu'il fît faire le calcul : à la 64e case, la quantité de grains nécessaire représenterait 440 fois la production totale de la planète en 1990. C'est là la puissance de multiplication extraordinaire d'une courbe exponentielle.

La courbe exponentielle ne se trouve nulle part dans la nature, sauf dans des conditions pathologiques : c'est la courbe de croissance des cellules cancéreuses, qui tuent l'hôte tout en se tuant elles-mêmes. Elle conduit *nécessairement* à des scénarios catastrophiques.

Imaginons qu'à la naissance du Christ, en l'an 0, un de vos ancêtres ait déposé pour vous dans une banque de l'époque 0,66 € (1 CHF), et cela à un taux d'intérêt de 3 %. En l'an 2000, grâce à la puissance de cette courbe (intérêt composé), vous auriez pu acheter, avec l'intérêt accumulé de ce 0,66 €, une quantité d'or pur suffisante pour entourer la planète Terre d'une couche d'or de... 3,7 kilomètres d'épaisseur. Plus vous augmentez le taux, plus la somme devient astronomique et plus il devient difficile de rembourser l'intérêt de la dette, sans même parler du capital.

Dans son excellent petit livre (malheureusement épuisé), *Libérer l'argent de l'inflation et des taux d'intérêt*, l'économiste allemande Margrit Kennedy démonte de nombreux mythes et fausses croyances concernant le mécanisme de l'intérêt.

Un de ces mythes est que nous ne payons de l'intérêt que pour l'argent que nous empruntons. Ceci est archi-faux. *Nous payons de l'intérêt sur pratiquement tous les biens et services que nous consommons.* Quand vous allez chez votre garagiste, une partie substantielle du coût de la réparation pourrait être représentée par l'amortissement de son matériel et du bâtiment. Quand vous allez chez un jeune médecin, c'est la même chose. Quand vous payez la facture des leçons de piano de votre fillette, une partie non négligeable représente le loyer de la maîtresse de piano, dont les deux tiers pourraient représenter le coût des intérêts du capital. Même pour une denrée aussi élémentaire que l'eau potable, Kennedy cite les chiffres d'une compagnie d'eau allemande où le coût des intérêts du capital représente 38 % du prix de l'eau.

On estime qu'en moyenne, 50 % des coûts des biens et services que nous achetons représentent le coût des intérêts du capital. Ainsi, selon Kennedy, si on arrivait à créer un système économique fonctionnant sans intérêt et permettant de faire circuler l'argent par un autre mécanisme, la plupart d'entre nous serions soit deux fois plus riches, matériellement parlant, ou alors nous pourrions travailler deux fois moins en conservant le même niveau de vie.

Le mécanisme de l'intérêt à trois effets pervers : il encourage la compétition, il pousse à une croissance économique incessante – avec tous les effets pervers que nous connaissons sur l'environnement – et surtout il enrichit les riches aux dépens des pauvres et de la classe moyenne.

L'étude la plus sérieuse entreprise sur le transfert de la richesse des pauvres et de la classe moyenne vers les riches, créé par le mécanisme de l'intérêt en lui-même, fut réalisée en Allemagne, en 1982. On divisa toute la population du pays en dix catégories d'environ 2,5 millions de ménages. Sur l'année, les transferts financiers entre ces différents groupes se montèrent à la somme de 270 milliards de DM (très approximativement 200 milliards d'euros) payés ou reçus en intérêts.

Les graphiques ci-après sont sans appel. Ils montrent très *clairement comment les riches et surtout les super-riches s'enrichissent aux dépens des classes pauvres et moyennes.* (Sur les graphiques, les classes moyennes sont plumées – on voit difficilement quel autre verbe utiliser - plus efficacement que les pauvres. Mais si on rectifie le dessin pour tenir compte des transferts en pourcentage de leurs revenus, les pauvres paient bien plus que les graphiques ne laissent supposer).

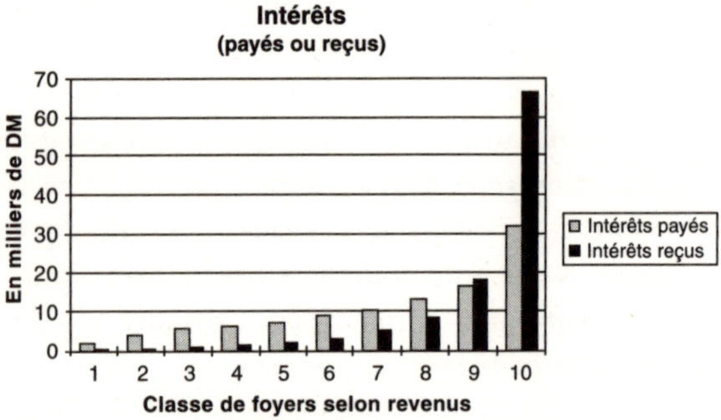

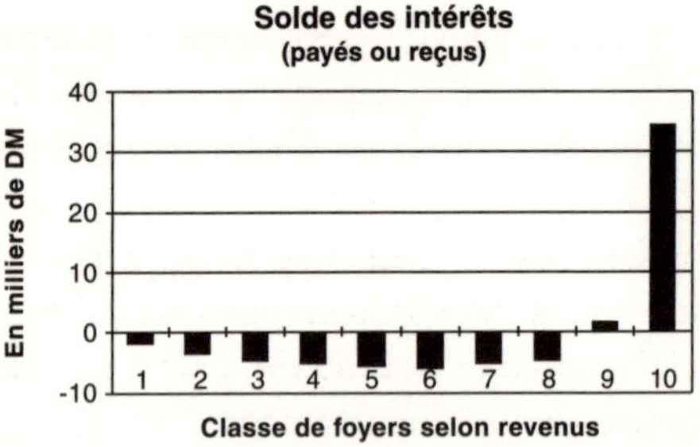

La revue suisse-allemande *Zeitpunkt* (juillet 2004) nous apprend qu'en Allemagne, en 2010, les détenteurs de capital gagneront plus d'argent avec les seuls revenus des intérêts que la totalité des revenus provenant du travail productif. La revue ajoute que la situation sera similaire dans la plupart des pays occidentaux.

Exactement le même mécanisme fonctionne à l'échelle internationale : les pays les plus pauvres de la planète financent, par le mécanisme de la dette, le gaspillage des pays du Nord. Eric Toussaint rapportait dans *Le Monde Diplomatique* de septembre 1999 qu'entre 1982 et 1998, les pays du Tiers-monde ont ensemble remboursé plus de quatre fois ce qu'ils devaient. Sur chaque euro emprunté, 83 centimes partent pour rembourser de mauvaises dettes ! 89 pays du Sud sont plus mal en point aujourd'hui qu'il y a dix ans.

Le Tiers-monde remboursait au début du XXIe siècle environ 200 milliards de $, alors que toutes les aides publiques au développement du Nord se montaient à moins du quart de cette somme !

Qui aide qui ?

Reconnaissons toutefois que la suppression du loyer de l'argent semble peu concevable pour la majorité des économistes, du moins dans le cadre du système actuel.

Vu la souffrance immense qu'il génère, ne serait-ce peut-être pas le moment, justement, de remettre en question les fondements même du système ?

La conclusion de cette première partie, nous la laisserons au penseur américain Ernst Becker, qui, il y a plus de trente ans, faisait le commentaire suivant : « *Si chacun vit à peu près les mêmes mensonges concernant les mêmes choses, il n'y a personne pour les traiter de menteurs. Ils établissent ensemble leur bon sens et s'appellent normaux* ».

C'est exactement la situation que nous vivons avec l'argent. Le roi est nu, désespérément nu, et tout le monde fait comme s'il portait des atours splendides. Car on peut faire sur les pays dits riches le même commentaire qu'Aristote Onassis faisait sur nombre de riches qui l'entouraient : « *Un homme riche est souvent un homme pauvre avec beaucoup d'argent* ».

Nos pays « riches » sont immensément pauvres en temps, pauvres en convivialité, exsangues en bonheur, dévorés par le matérialisme. Leur environnement est de plus en plus menacé. Le Produit Intérieur Brut (PIB)* – un des plus grands trompe-l'œil jamais inventés par les statisticiens – augmente sans arrêt alors que la qualité de vie décline.

Est-ce cela, le « développement » ?

---

*Il mesure le soi-disant accroissement de la richesse d'un pays, sans que personne ne définisse ce dernier mot. C'est le statisticien français Alfred Sauvy qui disait : « *Les statistiques sont des êtres sensibles et délicats qui, soumis à la torture, livrent des avis conformes au désir du bourreau* ».

PARTIE II

La dimension personnelle de l'argent.

Malheur à l'homme qui au moins une fois dans sa vie n'a pas tout remis en question.
Pascal

Quelques questions préliminaires

Commençons par donner une deuxième définition de l'argent, celle-ci au niveau individuel. Nous la devons à Dominguez et Robin, qui le définissent comme « *quelque chose contre lequel nous troquons notre énergie de vie* ».

À l'exception des rentiers, chaque fois que vous allez travailler, vous prêtez ou donnez à votre employeur la chose la plus précieuse que vous ayez : votre énergie de vie, les merveilleuses qualités qui font de vous l'être absolument unique que vous êtes : votre intelligence, votre attention, votre dévouement, votre créativité, votre écoute et toutes les autres compétences et qualités qui constituent votre identité.

Si vous avez un travail que vous aimez, que vous êtes décemment, voire bien payé, que les conditions de travail sont convenables ou même bonnes, l'échange est équilibré.

Mais si vous n'aimez pas particulièrement votre travail, que vous vous levez en rechignant chaque matin, il serait plus correct de dire que vous gagnez votre vie en la perdant. (Ne parlons pas de ces ouvrières chinoises qui en période de haute saison, pour fabriquer nos vêtements, travaillent jusqu'à 18-19 heures par jour, sept jours par semaine, pour un salaire de misère, dormant sur place, n'ayant aucun droit syndical. Dominguez et Robin osent même l'expression : gagner sa mort, ce qui est certainement le cas des ouvrières chinoises et de tant d'autres à travers le monde).

Dans ce cas, plusieurs alternatives s'offrent peut-être à vous (car tout le monde n'a pas toujours la possibilité d'opérer de tels choix) : changer de travail, travailler moins, refaire une formation… Mais quelle que soit l'option qui sera la vôtre, il vous faudra courir un risque - *y compris si vous décidez de garder le statu quo*. Alors rappelez-vous ce que disait le philosophe danois Soeren Kierkegaard : « ***Celui qui prend un risque perd pied pour un moment, celui qui ne prend pas de risques perd sa vie* ».**

Quelle que soit votre situation - un travail convenablement rémunéré que vous aimez ou un travail qui ne vous convient pas – et même si vous êtes rentier (surtout dans ce cas !), pour gérer votre argent dans la liberté, il serait important que vous répondiez pour vous-même aux six questions posées plus loin.

La majeure partie de nos contemporains ne semble jamais se les poser, et les **MA**rchands **DE** **L'I**nutile (dorénavant dénommés les MADELI), ne veulent *surtout pas* que vous vous les posiez. En effet, il n'y a rien que les MADELI craignent autant qu'une personne qui réfléchit de façon autonome et se pose des questions fondamentales sur la vie, sur son sens, sur leur mode de consommation, et surtout la question qui donne des cauchemars aux plus grands MADELI de la planète : « C'est quoi, avoir assez ? »

Jamais dans l'histoire humaine des sociétés n'ont autant systématisé l'inutile et le gaspillage. Je définis ce dernier terme comme *toute utilisation non rationnelle de ressources.* Le gaspillage est devenu à ce point banal et systématique que les gens n'en ont même plus conscience. C'est le deuxième, voire troisième emballage que l'on met autour d'un produit. C'est la course de 800 m que l'on fait en voiture au lieu d'aller à pied ou de prendre un transport public. Ce sont les médicaments que l'on achète à profusion et qui squattent la salle de bains avant d'être finalement jetés. C'est encore le robinet qui coule pendant qu'on se lave les dents, le sachet plastique dans lequel le pharmacien met votre tube d'aspirine (en tout cas en Suisse) et que vous jetterez en arrivant chez vous. On a calculé qu'en 2002, les seuls Américains ont jeté 32 milliards de boîtes en aluminium utilisées pour les boissons, soit 435 mille tonnes – de quoi reconstruire la totalité de la flotte d'avions commerciaux de la planète une fois et demi.

Au niveau institutionnel, ce sont des systèmes de santé curatifs qui coûtent les yeux de la tête à nos sociétés alors que des études sérieuses estiment qu'une bonne politique de prévention et d'éducation à la santé permettrait de réduire des trois quarts au moins les dépenses médicales de nos pays. Ce sont les plateaux de nourriture non utilisés sur les avions qui sont systématiquement jetés après le vol... Chacun pourrait continuer cette liste sur des pages et des pages.

▯ Faites une liste de toutes les formes de gaspillage dont vous êtes conscient dans votre propre façon de vivre.

Mon exemple préféré fut raconté par une journaliste d'un quotidien romand respecté. Il faut d'abord expliquer qu'une des dernières inventions des MADELI est les « dirty jeans » (jeans sales), à savoir des jeans sur lesquels on a « artistiquement » déposé des taches de saleté (imprégnées dans le tissu). La journaliste était dans une boutique de mode qui vendait ces jeans. Une jeune femme rentre, furieuse. Elle jette ses dirty jeans sur le comptoir et crie, « J'ai payé ces jeans 420 CHF (environ 280 €), je les ai mis dans ma machine à laver et ils sont ressortis tout propres. *Remettez-moi la saleté.* »

Cher lectrice, cher lecteur, cet exemple relève de la psychiatrie pure. Mais c'est toute notre société qui semble nécessiter un traitement. Car cette jeune femme a donné de sa précieuse énergie de vie pour l'investir dans des taches de saleté créées artificiellement pour renforcer son image de soi. En effet, elle s'imagine être « mieux » si elle porte les jeans dernière mode, comme si l'être pouvait s'améliorer grâce au paraître. LE ROI EST VRAIMENT NU et tout le monde fait comme s'il portait de splendides vêtements.

Avez-vous jamais réfléchi à quel point l'expression « société de consommation » est étonnante pour décrire les activités d'une société ? Sommes-nous vraiment venus sur terre avant tout pour consommer ? La destinée extraordinaire de l'Homme sur la planète bleue se limiterait-elle vraiment à devenir un simple colabibe (buveur de cola) ou macdophage (mangeur de Macdo), un pornophile ou un accro de la dernière chemise Zara ?

L'intelligence infinie qui nous a fait naître dans cet univers stupéfiant nous a-t-elle mis sur terre avant tout pour dépenser notre précieuse énergie de vie, via l'argent, pour consommer ?

Les plus grands sages de l'humanité nous disent depuis la nuit des temps que l'Homme a une destinée spirituelle, que les sommets les plus élevés de l'amour nous attendent, qu'une béatitude infinie est notre héritage. Et nos MADELI veulent nous faire tenir tranquille sur nos fauteuils inclinés avec vibromasseur intégré à croquer du pop-corn à la mandarine en zappant !

J'ironise, certes, mais c'est pour ne pas pleurer ou m'indigner qu'après 250 000 années d'évolution de l'homo sapiens, on en soit là.

Si vous lisez cet ouvrage, c'est sans doute parce que vous ne voulez pas en rester là. Alors ne perdons plus notre précieuse attention à ironiser sur la société de consommation – un exercice finalement facile – et allons tout de suite à l'essentiel.

♥ *Six questions en vue de poser les fondements d'une bonne gestion de mon argent*

Le sénateur romain Sénèque disait qu'il n'y avait de bon vent que pour le navire qui savait où il voulait aller. Cela semble une évidence. Or, je suis stupéfait du nombre de personnes qui ne se sont jamais posé les questions les plus fondamentales permettant de mieux vivre.

Q.1 : Qu'est-ce que je veux vraiment faire de mon existence ?

Faites attention aux réponses culturellement programmées, du style « Me marier et avoir des enfants ». Shakespeare posait la base du développement personnel quand il écrivait dans Hamlet : *« Ceci par-dessus tout : sois fidèle à toi-même, et il s'ensuivra, comme la nuit suit le jour, que tu ne peux manquer d'authenticité avec personne »*. C'est la chose la plus importante que vous puissiez viser dans la vie : être fidèle à vous-même. Ceci implique de sortir des ornières programmées par la famille, la société, la religion – donc de prendre des risques, et parfois d'être solitaire.

Dominguez et Robin nous aident en suggérant quatre questions subsidiaires pour cette réflexion :

- De quoi est-ce que je rêvais étant adolescent ?

• Qu'ai-je toujours voulu faire que je n'ai pas fait ?
• De quelle réalisation dans ma vie suis-je vraiment fier ?
• Si je devais mourir dans une année, que voudrais-je réaliser avant de partir ? (Et rappelez-vous qu'on meurt *avant tout* de n'avoir jamais réalisé ses rêves, mais comme cette mort arrive à petit feu, on n'est même pas conscient qu'on est en train de mourir !)

Mes réponses : ....
....
....
....
....
....
....

Question subsidiaire par rapport à l'argent : *la façon dont je dépense mon argent renforce-t-elle mon objectif de vie et donne-t-elle un sens accru à cette dernière ?*

Q.2 C'est quoi, réussir ma vie ?

La plupart du temps, notre société nous offre des modèles de vie assez superficiels (les tops models, les grands sportifs et chanteurs, les hommes d'affaires qui sont arrivés au sommet de la pyramide, etc.). Il faut une force intérieure tranquille, une assurance sereine pour se démarquer face au battage médiatique incessant entourant ces exemples – sans parler de la pression sociale et familiale.

Quand vous arriverez à l'âge de la retraite, pourrez-vous vous retourner et vous dire sans arrière-pensée : oui, j'ai bien vécu ma vie, j'ai dépensé mon énergie de vie (sans parler de mon argent) à réaliser des choses auxquelles je croyais vraiment. Je peux partir serein, avec le sentiment d'avoir contribué non seulement à mon propre bonheur et celui de ma famille, mais aussi d'avoir contribué, aussi modestement que ce soit, à une amélioration de la société dans laquelle j'ai vécu et à léguer un monde un peu meilleur à mes enfants ?

Question subsidiaire par rapport à l'argent : *ma façon de dépenser l'argent contribue-t-elle à la réussite de ma vie ?*

Q.3 De quoi est constitué le vrai contentement ?

Les MADELI nous ont fait croire que la satisfaction résidait dans la possession de choses ou d'une certaine image sociale. Ceci n'est possible qu'à cause de la fragilité extraordinaire de l'image de soi dans nos sociétés.

Depuis 12 ans, j'anime des stages sur l'image de soi avec des participants de tous les horizons et de plusieurs pays. Je suis toujours frappé à quel point l'image de soi des gens (qui constitue LA base du développement personnel) dépend de facteurs extérieurs à eux-mêmes : la réussite sociale ou professionnelle, l'affection de leurs proches, l'apparence de leur corps, leur tenue vestimentaire et surtout leurs modes de consommation. De nombreuses études sur la publicité soulignent que les gens ne consomment plus tant des produits mais plutôt l'image qu'ils ont de ces produits (en d'autres termes on consomme la valeur d'*image*, non plus la valeur d'*usage*) *et l'image qu'ils ont de ceux qui les consomment !*

Or, le jour où une personne découvre que sa vraie valeur, sa vraie richesse est constituée par *le simple fait qu'elle existe* et par les qualités qu'elle rayonne, et qu'elle n'est pas déterminée par ce qu'elle fait ou possède, tout le pouvoir des MADELI sur elle s'effondre complètement et définitivement. Tout besoin de dépenser de l'argent pour renforcer le fragile échafaudage de ce qu'elle voudrait *paraître* s'évanouit.

Les différentes dimensions de la vie peuvent se réduire à un des trois facteurs suivants :

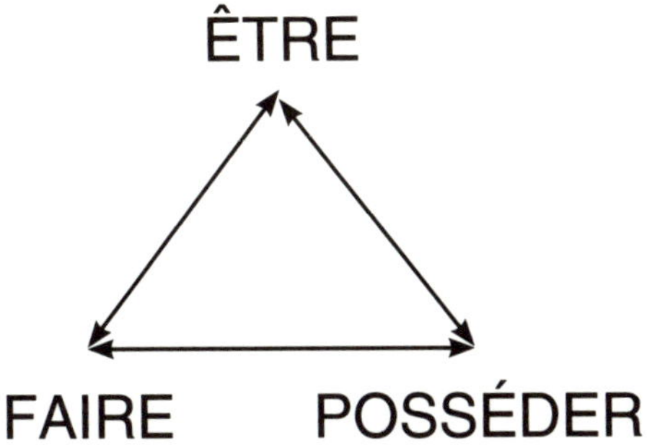

Dans notre société, l'être dépend du faire et des possessions : on « est » quelqu'un parce qu'on a réalisé quelque chose que la société qualifie de remarquable, ou parce qu'on possède certaines choses déclarées comme enviables.

Il existe un chemin sûr vers la sérénité profonde et un contentement que rien ne peut vous ôter : c'est de vivre de telle manière que vos actions et vos possessions découlent de ce que vous êtes, et non l'inverse.

Question subsidiaire par rapport à l'argent (chaque fois que vous faites une dépense significative, pas si vous achetez le journal ou une glace) : *cette dépense de mon énergie de vie (matérialisée dans cet argent) accroît-elle de façon significative mon contentement ?*

Q.4 C'est quoi, avoir assez ?

Ceci est LA question incontournable qui pourrait constituer une étape décisive dans votre libération intérieure des chaînes de la consommation programmée.

Trois penseurs nous serviront de guides pour répondre à cette question.

Le premier est Lao-Tseu, auteur d'un grand-livre de la sagesse chinoise, le Tao-Te-ching, qui dit : *« Celui qui sait qu'il a assez est riche »*. C'est une prise de conscience liée à l'atteinte d'un point d'équilibre intérieur où le désir disparaît, soit parce qu'il a été parfaitement assouvi (comme lorsqu'on a atteint l'orgasme dans l'amour, ou après une profonde méditation qui vous laisse sur un plateau spirituel), soit parce qu'une prise de conscience intérieure fait que le désir s'évanouit complètement.

Dominguez et Robin donnent une excellente définition de ce concept : *« Avoir assez ne signifie pas avoir la quantité minimum pour survivre ; c'est la quantité exacte de ce qui vous donne une réelle satisfaction sans excès »*. C'est si clair que tout commentaire est superflu.

Finalement la fameuse pensée de Gandhi : *« Vivons simplement, afin que d'autres puissent simplement vivre »* nous rappelle que ma définition de ce qui est assez pour moi doit tenir compte des plus de 6 milliards d'autres habitants de la terre, dont bien plus de la moitié vivent largement en dessous du niveau de pauvreté. Illustrer ceci exigerait un ouvrage entier. (Une excellente piste pour commencer se trouve sur le site suivant : *www.earthdaynet/footprint.stm).*

Remarquons que vous n'estimerez jamais avoir assez si vous vous mesurez à ce que d'autres possèdent. Comme disait avec humour le philosophe John Stuart Mill : *« Les hommes ne désirent pas être riches, mais simplement plus riches que les autres hommes »*.

Question subsidiaire par rapport à l'argent : *Suis-je prêt, chaque fois que je fais un achat, à me poser la question :* ***en ai-je vraiment besoin ?***

Très peu de choses révolutionneront de façon aussi radicale votre façon d'acheter et la quantité de vos achats, que cette petite question apparemment innocente, mais qui peut aller très, très loin – et vous aidera à mieux appliquer ce qui suit.

Q.5 Quels sont mes critères d'intégrité financière ?

Maria Nemeth, dans son ouvrage *L'énergie de l'argent*, souligne que lorsque nous vivons notre vie selon nos critères d'intégrité, nos vies coulent, nous agissons de façon efficace. Car au niveau du développement personnel, l'argent (ou plutôt la représentation que nous nous en faisons, notre conscience de ce qu'est l'argent) est une forme d'énergie. C'est bien pour cela que le travail sur l'argent constitue un des plus puissants outils de développement personnel, comme l'illustrent les deux lettres citées au début de cet ouvrage.

Question subsidiaire par rapport à l'argent : *ma façon de dépenser mon argent est-elle cohérente par rapport à mes valeurs ?*

Q. 6. De quoi est constituée la vraie sécurité ?

Après ce qui a été dit dans la première section, il va de soi que l'argent ne constitue pas la vraie sécurité. Des expériences historiques - comme celle des SEL (système d'échange local), les nombreuses formes de monnaie et systèmes d'échange fonctionnant parfaitement dans le monde contemporain en dehors des systèmes officiels – soulignent que, dans cette recherche de sécurité, deux facteurs sont incontournables : la créativité et les réseaux de contacts personnels. (Pour une minuscule minorité de personnes très avancées spirituellement, on pourrait ajouter la capacité à manifester l'abondance par une prise de conscience purement spirituelle, mais ces cas sont si rares que nous les laisserons de côté ici).

Imaginons que demain, les médias annoncent l'effondrement du système financier mondial. Cela susciterait une créativité extraordinaire chez les gens. En effet, l'être humain n'est pas une créature à se laisser dépérir sans réagir. Spontanément, les gens créeraient toutes sortes de réseaux d'échange.

Mais la seule vraie sécurité – celle à laquelle ni les crises économiques, ni les révolutions, ni la maladie, ni l'emprisonnement ou d'autres graves aléas de la vie ne peuvent jamais porter atteinte – ne peut jamais se trouver au niveau matériel. Nous y reviendrons dans la dernière section.

Huit outils pour mieux gérer votre argent

1 - Acceptez la responsabilité entière de votre situation financière

Beaucoup de personnes se sentent, d'une façon ou d'une autre, victimes de l'argent. (J'ai consacré un ouvrage entier dans cette même collection à ce thème - voir *Plus jamais victime*). Pour dépasser le sentiment d'être victime de sa situation financière – le budget qu'on n'arrive jamais à boucler, les chiffres rouges perpétuels, l'emprunt qu'on ne nous a jamais remboursé, la dette que l'on traîne comme un boulet… - il est impératif *d'assumer la responsabilité entière de votre situation financière aujourd'hui,* ***quelle qu'elle soit***.

Bémol important : responsable ne veut pas dire coupable, ou qu'on a causé une situation donnée. Cela veut simplement dire qu'on est *capable de réagir avec intelligence, créativité et amour* à toute situation qui se présente dans notre vie.

Imaginez que votre conjoint soit parti sans crier gare avec votre meilleure amie, et qu'avant de partir il a eu la délicatesse de vider entièrement votre compte commun, y compris toutes vos économies. Cela vous semblera presque impossible au début de dire à haute voix : je suis entièrement responsable de ma situation financière. Mais c'est de loin la meilleure façon de vous en sortir (et personnellement, je crois, la seule). Assumer la responsabilité d'une situation, c'est dire OUI à la vie, c'est donner un signal important à l'univers. C'est une façon de dire : je suis prêt à redémarrer, j'ai en moi l'intelligence, la créativité, la force et l'amour pour trouver des solutions. Rester dans le rôle de victime, c'est dire NON aux circonstances de ma vie. Cela ne changera rien à ces dernières, mais cela entravera la recherche de solutions.

2 - Développez vos propres stratégies pour dépenser moins

Certaines de ces stratégies seront très personnelles, comme la liste écrite de choses à acheter qu'on établit avant d'aller faire ses courses, le budget mensuel auquel on se tient rigoureusement, profiter des occasions et des soldes – vous trouverez toutes sortes de « trucs » de ce type dans la plupart des revues de consommateurs. D'autres sont valables pour tout le monde. En voici quelques exemples :

- Fabriquez ce que vous pouvez vous-même (confitures, conserves, vêtements, jouets, cadeaux, etc.) Deux ingrédients sont indispensables pour ceci : la créativité et le temps.
- Prenez soin de ce que vous avez, utilisez-le aussi longtemps que cela fonctionne.

Il y a quelques jours, j'ai été refaire du ski de fond, sport que je n'avais plus pratiqué depuis 18 ans. J'avais des skis qui devaient avoir au moins 25 ans, et des pantalons de ski que j'avais comme étudiant il y a 45 ans. Ce n'était pas la dernière mode, mais les deux fonctionnaient parfaitement, et c'était la seule chose qui comptait pour moi.

Ne pas se préoccuper de la mode ne va pas de soi dans notre société qui est un mélange tellement curieux de conformisme étroit dans certains domaines et d'anarchisme dans d'autres (« Je fais ce que je veux »).

• Apprenez à faire du « télé-shopping », cela vous économisera de l'énergie et du temps. (Ceci s'applique bien sûr seulement aux choses relativement onéreuses). Quand vous cherchez un objet donné, mettez par écrit sur une feuille vos différentes exigences (durée de la garantie, qualité, etc.), faites des colonnes sur la feuille et téléphonez à différentes grandes surfaces pour comparer leurs offres.

• Achetez/utilisez les choses d'occasion : pendant au moins 15 ans de ma vie, je n'ai pratiquement pas acheté de vêtements. J'ai deux frères et un ami qui me passaient régulièrement des habits en parfait état mais dont ils n'estimaient plus avoir besoin. Dans presque toutes les grandes villes on trouve des commerces qui vendent des objets de seconde main en excellente condition et à des prix imbattables, que ce soient des meubles ou des vêtements en passant par des appareils électroménagers, des ordinateurs, des jouets, etc.

• Recherchez la valeur, la qualité et la durabilité, quitte à payer un peu plus cher. À long terme, vous serez presque toujours gagnants.

• Les spécialistes du marketing et de la publicité estiment qu'environ ***les trois quarts des achats dans nos pays sont des achats impulsifs, non planifiés, instinctifs***. Ce chiffre est stupéfiant, voire effrayant. Cela signifie que la plupart des consommateurs ont des « mains velcro » qui ramassent tout à la moindre pulsion de leur subconscient, qui réagissent au moindre petit désir qui les titille. La meilleure solution si vous êtes dans ce cas, c'est :

- d'éviter de faire du shopping comme passe-temps
- la bonne vieille liste de commission de grand-mère déjà mentionnée
- et surtout – mais ceci constitue un long travail sur soi dont je reparlerai dans la dernière section – trouver en soi les sources du vrai contentement que les tentations excessives de la consommation n'effleurent même plus.

Si vous avez très clairement défini vos objectifs de vie (cf. supra) vous aurez déjà parcouru un bon bout de chemin.

3 - La dîme inspirée

Créée par l'Australien Lionel Fifield, cette pratique est une des démarches les plus joyeuses que je connaisse dans le domaine de la gestion de l'argent.

Elle consiste à donner 10 % de vos revenus (nets ou bruts, à vous de décider) à toute personne ou institution qui vous inspire profondément par leur action ou leur simple existence, soit en vous faisant connaître, soit même anonymement. Si on définit l'argent comme une forme d'énergie, ce n'est plus un don matériel que vous faites à cette personne ou institution, mais le don de votre appréciation. C'est une façon de les célébrer d'être, d'exister. Voici pratiquement comment procéder :

• Donnez 10 % de tout revenu que vous recevez. (Au début, vous commencerez peut-être avec un peu moins – par exemple 3 ou 5 %).

• Accompagnez votre don d'une lettre expliquant à la personne (s'il s'agit d'un individu) pourquoi vous lui donnez cet argent, et que cet argent n'est pas pour la bienfaisance, mais pour qu'elle célèbre la personne merveilleuse qu'elle est. S'il s'agit d'une association, d'une institution, c'est différent. Là, vous n'avez pas à préciser l'utilisation de cet argent – à moins que vous ne vouliez encourager les personnes concernées à s'offrir un repas ou un week-end ensemble. Cette lettre d'accompagnement est indispensable, même si elle ne contient que quelques mots. Une dîme qui arrive sans explication n'a aucun sens et ne joue pas son rôle.

• Cette lettre peut être signée de vous ou anonyme. Une lettre merveilleuse non signée qui arrive avec un don d'argent constitue quelque chose d'extrêmement puissant pour la ou le récipiendaire. C'est vraiment l'univers qui lui fait un clin d'œil.

• La dîme inspirée n'est pas un don régulier qu'on fait à la même personne, encore moins à la même institution, comme une église, une œuvre de bienveillance, etc. Si vous ressentez le besoin de faire de tels dons, ce sera en plus des 10 %. La dîme inspirée constitue une CÉLÉBRATION volontaire et joyeuse, non une obligation comme dans certaines églises/religions.

• Ce don est pris sur le premier 10 % de vos revenus, non le dernier. À une époque de ma vie, j'étais au chômage sans indemnités, mais j'ai toujours donné la dîme sur tout revenu que je touchais, aussi modeste fût-il. Et je n'ai jamais manqué de rien.

• Le fait de donner régulièrement ce premier 10 % constitue un puissant message de confiance que vous envoyez dans l'univers.

• Aucune dîme n'est trop modeste… ou trop grande !

• Avant tout, soyez très pragmatique, presque comme un chercheur. Expérimentez avec différentes façons de faire, tout en restant fidèles aux grands principes énoncés ici.

La dîme est basée sur la loi de dix, chiffre qui, depuis la nuit des temps, est connu comme le chiffre de l'accroissement et nombre de grands écrits spirituels y font allusion.

Je voudrais partager avec vous ce courrier reçu après un stage sur l'argent d'une jeune artiste qui raconte son expérience de la dîme :

« *J'ai envie de te faire part de l'expérience joyeuse et enrichissante que j'ai vécu en expérimentant l'application de la dîme.*

Après ton stage sur l'argent, j'ai eu envie d'expérimenter cette nouvelle piste que tu proposais. Même si la période depuis septembre était plutôt désastreuse du point de vue de mes finances, je m'étais engagée envers moi-même à le faire au premier revenu que j'aurais. Et du coup, comme j'ai vendu quatre tableaux à mon expo actuelle, j'ai décidé de la faire au moment où ils me seraient payés. Il y a eu deux personnes à qui je pensais, alors j'ai décidé de partager la dîme en deux et de la leur envoyer avec un mot, sans signature.

Quel plaisir j'ai eu à écrire, et quelle joie j'ai éprouvé lorsque j'ai mis les enveloppes dans la boîte aux lettres ! J'avais l'impression d'un jeu, d'un échange, d'un clin d'œil et d'un partage gai et vivant… Merveilleux ! j'étais heureuse et je me rends compte que j'ai déjà oublié l'argent. Par contre je garde la joie !

Et une semaine après, il s'est trouvé que j'ai eu de nouvelles perspectives de rentrées d'argent qui me permettront de bien finir l'année… et de payer mes factures dans la joie !

Merci de m'avoir montré des pistes pareilles à suivre… c'est une joie de les expérimenter, et cela m'apporte beaucoup de légèreté ».

4 - Payer ses factures (et même ses impôts !) avec joie

Chaque fois que vous payez une facture, ***vous représentez l'abondance de l'univers pour quelqu'un***, ou une institution, voire l'État qui ne pourrait tourner sans vos impôts. Et quand vous recevez votre paie, vous êtes bien content de cette manne, même si vous avez dû trimer fort pour la gagner.

Ainsi juste à côté de chez nous, il y a un artisan boulanger, Monsieur Di Filippo, qui fait un des meilleurs pains que j'ai mangés de ma vie. Quand je vais dans sa boutique, c'est avec une gratitude profonde que je paie les modestes 2 € (3 CHF) pour son pain aux céréales. C'est pour cela que j'aime aussi bien définir l'argent, dans sa dimension positive, comme la *circulation de la gratitude*.

Même mes impôts, je les paie avec reconnaissance, car cela signifie que j'ai de quoi les payer. (À Genève, environ le quart des contribuables ne paient pas d'impôts, tant leurs revenus sont modestes. Dans la riche Suisse !). Que ferions-nous sans lumière ou eau potable, sans transports publics ou écoles, sans hôpitaux ou police ? Tous sont payés par nos impôts.

Ceci ne signifie pas payer une facture abusive avec joie ! Récemment, ma femme à dû faire changer notre serrure par un service de dépannage. La facture (480 €) s'est montée à plus du tiers du devis oral mentionné par l'ouvrier (270-300 €). Après s'être soigneusement renseignée auprès de la Fédération des Consommateurs, d'un juriste et d'autres serruriers, ma femme a payé 370 € que le serrurier a acceptés. Payer avec joie ne signifie pas se laisser plumer !

5 - Ma précieuse énergie de vie

Dans mon livre *Découvrir les vraies richesses* (p. 164-169), j'invite les lecteurs à faire le calcul de ce que leur rapporte réellement leur travail, une fois qu'ils ont déduit toutes les charges nécessaires uniquement pour le maintien de ce dernier, comme le transport pour aller au travail, les repas pris hors du domicile, les dépenses nécessaires pour compenser le stress, etc. Ce calcul emprunté à Dominguez et Robin arrivait à la conclusion que le gain *net* de l'heure de travail était environ la moitié du gain brut (cela varie beaucoup d'une profession à l'autre).

Alors je vous invite, chaque fois que vous faites une dépense significative, à vous demander, non seulement la question « En ai-je vraiment besoin ? », mais encore « Cette dépense vaut-elle vraiment x heures de ma précieuse énergie de vie ? » (Par exemple, si vous gagnez un salaire net de 10 € l'heure, et que vous achetez un lecteur CD-cassette pour 150 €, vous aurez donné 15 heures de votre énergie de vie pour l'acheter. Cela vaut peut-être la peine. Par contre, donner 1 500 heures d'énergie de vie pour une voiture qui vous avalera en plus le cinquième de votre salaire mensuel – là il s'agit de réfléchir sérieusement avant de faire l'achat !)

6 - Placez votre argent dans une banque alternative

La Suisse a la chance d'avoir une Banque alternative suisse, fort bien gérée, et dont le bilan augmente d'année en année. Elle fait des prêts à de nombreuses activités (artisanat, coopératives d'habitation, fermes et entreprises bio, etc.) qui ne trouveraient jamais de financement auprès des banques classiques. De plus en plus de gens déposent leur argent auprès de cette banque, certains achètent ses actions pour la soutenir. Pour l'instant, les grosses banques regardent ces petites puces d'un œil sceptique. Pour l'instant.

Alors cherchez dans votre région s'il n'existe pas une institution financière qui fonctionne autrement que selon les pures règles du profit et à laquelle vous pourriez confier vos fonds.

Oikocredit

Oikocredit a été fondée en 1975 par le Conseil Œcuménique des Églises aux Pays-Bas. Cette banque, qui a des représentations dans toute l'Europe, octroie des crédits dans les régions pauvres de la planète. Les crédits sont destinés à des groupes et des coopératives qui ont développé des projets qui leur permettent d'augmenter leur qualité de vie. Oikocredit soutient des projets dans l'agriculture, le commerce équitable, et des coopératives de crédits pour des paysans et des artisans locaux. Le rendement des certificats de participation est de 2 % par année au maximum. À la fin 2002, Oikocredit gérait un total de 282 millions de francs.

Avantage : l'argent que l'on peut placer dans cette banque est directement utile à des projets dans des régions pauvres par le biais de crédits.

Adresse de contact pour la Suisse :
Oikocredit, Association Suisse Romande de Soutien, 9 av. Ste. Clotilde, CH-1205 Genève
Tél. : +41 22 328 46 70 Fax : +41 22 328 46 72
oikocredit@fgc.ch - www.fgc.ch/oikocredit

7 - Devenez membre d'un SEL

Cet ouvrage a déjà plusieurs fois fait allusion aux SELS (système d'emploi local), ces réseaux créés aux débuts des années 80 au Canada, et qui se sont disséminés dans le monde entier. Ce sont des réseaux de création de richesses qui fonctionnent en général avec un argent purement comptable, ou virtuel, et *qui permettent un réel enrichissement de leurs participants sans que ces derniers aient à débourser un sou.* (Voir sur internet de très nombreux sites sous SEL (ou LETS en anglais), qui décrivent en détail leur fonctionnement, donnent les adresses des SELS par pays, etc.

Pour la francophonie, voir par exemple : *www.asso.francenet.fr/sel/*)

Ces systèmes ne fonctionnent que parallèlement au système d'économie de marché.

8 - Oser demander la vraie valeur de vos services

Une dimension importante de votre intégrité financière consiste à *oser demander la valeur des services que vous offrez.* (Ceci est surtout important pour les indépendants). Dans mes stages sur l'argent, certains participants, surtout dans le domaine des thérapies douces, ont énormément de peine à demander la valeur réelle de leurs services. (Souvent, ils n'en sont même pas conscients). Les médecins et les avocats, voire les artisans réparateurs ou votre garagiste, ont rarement de tels scrupules ! Alors, si vous avez ce problème, rappelez-vous donc qu'offrir à quelqu'un l'occasion de donner, c'est lui faire un réel cadeau (voir Partie III).

Ce ne sont là que quelques pistes. Une des plus importantes est la simplification de la vie (sur laquelle j'ai déjà publié deux ouvrages chez Jouvence). Elle consiste dans tous les domaines à remplacer la quantité par la qualité, le stress effréné et inutile par un rythme plus serein, l'accumulation matérielle par la richesse intérieure, la course vers l'avenir par le vécu de l'instant présent, l'apparence et le paraître par la vraie substance et l'être.

Déjà, dans nos pays, des dizaines de millions de « créatifs culturels » vont dans cette direction, comme le souligne le livre de Paul H. Ray et Sherry R. Andersen *L'émergence des créatifs culturels*. C'est un des secrets les mieux gardés de la planète. Si les médias n'en parlent pas plus, c'est parce que nos gouvernants ont terriblement peur de l'impact que pourrait avoir sur nos sociétés la prise de conscience que le mode de vie fou qu'on nous propose satisfait de moins en moins de personnes et que des dizaines de millions d'entre elles commencent à changer radicalement de style de vie.

L'argent dans le couple

Il me semble important d'ouvrir au moins une brève parenthèse sur une des causes les plus fréquentes de divorce dans nos pays, les mésententes financières dans le couple.

Imaginez la journée de Laurence, 4 enfants, dont le mari a un emploi « farniente » comme huissier dans une grande institution. Il passe la plupart de la journée assis dans un fauteuil confortable à lire des polars (sa passion) et à occasionnellement répondre à la question d'un visiteur. Quand il rentre à la maison, il parle du stress de la journée.

Laurence est la première de la famille à se lever, pour préparer le petit-déjeuner que Monsieur trouve tout prêt, quand il veut bien se lever. Toute la journée, pour Laurence, c'est la course. Emmener les plus petits à l'école et les ramener à la maison (quatre trajets par jour), le ménage, les commissions (souvent au pas de course), trois repas à préparer par jour (Monsieur est très exigeant côté cuisine – surtout pas de plats réchauffés deux fois). En fin d'après-midi, il faut conduire les plus âgés à la gym ou la danse, puis aider à surveiller les devoirs tout en préparant le dîner. Quand Monsieur rentre, c'est le journal dans le fauteuil avec son apéro. Après dîner, il y a encore mille tâches domestiques pour Laurence pendant que son mari regarde la télé.

La nuit, si un des enfants est malade, c'est évidemment Laurence qui se lève. Le week-end, elle est encore de piquet pour accueillir les amis, sans parler du samedi où elle fait la lessive et les confitures pendant que son mari fréquente son amicale. En vacances, c'est encore Laurence qui veille à tout 24 heures sur 24. Son aîné ayant 17 ans, cela fait 18 ans que Laurence n'a jamais eu de vraies vacances.

Laurence est en même temps femme de ménage, puéricultrice, infirmière, cuisinière, baby-sitter, institutrice, accompagnante de sports, psychologue, conteuse, sexologue, jardinière, manager... Quand il parle de Laurence, son mari dit : « *Elle ne travaille pas* » *et le pire, c'est que Laurence dit la même chose d'elle-même !*

Cette description à peine caricaturale vise à souligner qu'une des plus grandes injustices de la planète depuis la révolution industrielle est la sous-valorisation du travail de la mère-ménagère-épouse. L'activité la plus importante de la planète (l'éducation des enfants) compte pour beurre alors que des traders qui spéculent à la bourse peuvent gagner des dizaines de milliers d'euros *par jour* à créer la pauvreté (par exemple en spéculant sur les matières premières).

Des connaissances à moi ont trouvé une solution élégante. Ils ont une seule fille et ont décidé que la mère resterait à la maison pour s'en occuper au mieux. Ils ont calculé la valeur totale des services de l'épouse, et chaque mois le mari lui verse un pécule important (environ 2 000 €) pour ses services, qu'elle dépense sans avoir à rendre des comptes.

Tous ne peuvent pas se payer cette formule qui nécessite un revenu confortable. Mais je le mentionne à cause de la reconnaissance par le mari de la valeur du travail de son épouse. De plus jeunes couples que je connais travaillent chacun à 50 % et s'occupent à mi-temps de leur famille. Dans un autre jeune couple ami ayant deux enfants, chaque parent travaille une année sur deux à 100 % pendant que l'autre s'occupe de la famille. ***Un autre possible existe toujours*** (Ramuz)… mais il faut *vouloir* l'inventer.

PARTIE III

Vers une économie de la grâce : quelques pistes d'une approche spirituelle pour gérer son argent

De la possession à la gestion

Deux ou trois petites lettres sont à la base d'une grande partie des souffrances de la race humaine : « mon » travail et « ma » femme ou « mon » mari, « mon » salaire et « mes » enfants, « ma » voiture et « mon » honneur, « mes » droits, même « mon rhumatisme » ou « mes » allergies (c'est pourquoi ces dernières s'attachent tellement à vous !)

Toute possession matérielle qui nous semble indispensable en fait nous possède. Mon ami Roger McGowen, un Noir américain, depuis 16 ans dans le couloir de la mort pour un crime qu'il n'a jamais commis, m'a encore récemment renforcé dans cette conviction.

Les conditions de vie dans cet endroit dépassent tout ce qu'une personne normale pourrait imaginer. Matériellement parlant, c'est vraiment l'enfer – et le dénuement – au quotidien. On en trouvera la description dans le livre des lettres de Roger : *Messages de vie du couloir de la mort*, où Roger décrit le cheminement spirituel qui l'a amené à devenir un maître de vie pour moi et tant d'autres. On a dépouillé les détenus de pratiquement toutes leurs possessions, y compris leurs bijoux personnels. Mais une photo de leur épouse ou de leurs enfants qu'ils se permettraient de fixer au mur de leur cellule sera arrachée et jetée. Fin 2002, les autorités pénitentiaires réduisirent encore le peu de possessions auxquelles les détenus avaient droit. Voici ce que Roger écrivait à une amie.

Oui, mon amie, cette fois ils nous ont proprement « nettoyés ». Mais quand toutes mes affaires avaient disparu, et que j'ai regardé autour de moi, une paix est descendue sur moi. Je n'ai absolument pas besoin de ces possessions. Je pensais seulement que j'en avais besoin, parce qu'elles constituaient un lien avec le monde extérieur. Je pensais que pour être humain, pour me sentir « bien » avec moi-même, j'avais besoin de posséder, cela constituait une sorte de richesse de référence…

Je réalise que je ne pourrais pas continuer à haïr quelqu'un et en même temps déclarer aimer Dieu ! La haine et l'amour ne peuvent coexister dans le même corps. Alors je leur ai laissé toutes mes affaires personnelles, si c'est ce qu'ils voulaient…

[Car] c'est justement ces possessions qui leur donnaient un pouvoir sur moi ! Alors je leur ai dit de détruire mes affaires, si c'est ce qu'ils voulaient… J'éprouve un réel contentement. Pour commencer, ces possessions n'étaient pas vraiment miennes, car dans le cas contraire on ne me les aurait pas ôtées. ***Ce qui est vraiment à nous ne peut jamais nous être ôté.*** »

Il y a quelques années, j'ai commencé à réaliser qu'absolument tout ce que nous avons dans la vie est en quelque sorte un don, voire un prêt de l'univers, à faire fructifier – que ce soit les possessions matérielles, la santé, la relation de couple ou les enfants, les amis ou le temps… et bien sûr l'argent. Nous sommes les simples gestionnaires de tout ce que l'univers nous accorde, non les propriétaires.

Au fur et à mesure que je développais un sentiment de non-possession face à l'argent, et que je voyais ce dernier ***comme une énergie d'amour à utiliser pour le bien***, j'ai commencé à avoir des expériences étonnantes.

Quand je me suis lancé comme indépendant, mon premier revenu mensuel s'est monté à 225 €. Peu de temps après, un ami m'a téléphoné pour parler d'une connaissance commune qui était dans une situation financière impossible, me demandant si je pouvais l'aider. Je lui ai expliqué qu'il m'était difficile de faire quelque chose pour l'instant. Il a compris. J'ai posé le téléphone. C'est alors que ma petite voix intérieure m'a dit, « *Pierre, tu es un fumiste ! Tu as de l'argent à la banque. Antonio, lui, n'a pas un sou* ». J'ai décidé alors d'envoyer quand même quelque chose. Peu de temps après, un ancien ami de mon père que je n'avais pas revu depuis 12-15 ans, m'a entendu parler à la radio et m'a envoyé exactement le double de ce que j'avais envoyé à Antonio.

À une autre occasion, j'ai fait un prêt très important à un ami, qui m'avait promis un remboursement qui ne vint jamais, malgré d'innombrables rappels et promesses. Un matin, dans ma méditation, même scénario qu'avec Antonio : la petite voix m'a dit de remettre 60 % de la dette, ce que j'ai fait. Quelques jours plus tard, j'ai reçu un remboursement totalement imprévu des impôts pour un montant exactement identique à la dette annulée (5 000 €).

Finalement, une autre fois je m'étais engagé à payer pendant quelques mois le salaire d'une employée de la fondation où je travaillais comme bénévole. Un membre de ma famille a eu un accident qui a généré des frais médicaux très importants, cette personne ayant dû être mise dans une clinique privée. Je ne voyais plus comment honorer et mon engagement et la facture de la clinique. Ayant pris un engagement ferme face à la fondation, j'ai décidé de l'honorer, confiant que l'univers résoudrait le problème selon sa créativité infinie. Ce qui n'a pas manqué : une amie qui avait fait un héritage nous a envoyé *exactement* la somme correspondant à la facture de la clinique (12 300 €, à quelques euros près).

Au niveau spirituel, *l'argent est soumis à d'autres lois que celles du marché*, et que j'appelle l'économie de la grâce – à savoir une intervention totalement imprévue selon des lois spirituelles que nous connaissons encore fort mal. Des milliers de personnes dans le monde entier font des expériences analogues tous les jours. Quand on commence à lâcher prise, à gérer l'argent (et aussi son temps, ses possessions, etc.) comme une énergie d'amour qui traverse notre vie et dont nous avons à prendre soin selon notre plus haut niveau de conscience, on ressent une joie et une liberté indicibles – et les solutions arrivent.

De plus, quand une demande d'argent nous est faite – que ce soit par un mendiant ou une connaissance – la question qui vient immédiatement à l'esprit n'est pas : « Est-ce que j'ai envie de lui donner, est-ce que je me sens disponible à sa demande ? », mais « Est-ce juste de donner ? ». Presque toutes les personnes que je connais ont des problèmes avec la mendicité par exemple. Faut-il, oui ou non, donner ? En effet, le public est de plus en plus sollicité.

En effet, quand on est dans une relation de gestion avec l'argent, et non plus de possession (« mon argent »), ce dernier devient un outil parmi d'autres pour l'établissement d'une société plus juste. Donc la question n'est plus de savoir si je vais être assez magnanime (ou me sentir assez coupable le plus souvent !) pour prêter ou donner, mais si cela va vraiment contribuer au bien-être de la personne en question.

Un exemple. Dans le cadre de mon travail comme visiteur de prison, j'ai visité récemment un détenu qui, par un concours de circonstances étonnant, était pour la troisième fois en détention alors que j'avais la profonde conviction qu'il était totalement innocent des trois délits qu'on lui reprochait. Conduit au poste de police à sa sortie de prison, on lui tend un commandement de payer se montant à 1 250 € pour des amendes de la circulation remontant à trois ans. Il avait un mois pour payer, sans quoi on le remettait en prison ! J'étais parti en voyage le jour de sa sortie. Dès mon retour, il m'a téléphoné, désespéré, sollicitant un prêt. Il s'était déjà débrouillé pour trouver un travail et un logement gratis, et pour moi c'était évident que c'était *juste* de lui éviter un retour en prison qui l'aurait peut-être définitivement cassé.

Pour la mendicité, laissez-vous conduire par l'intuition et le cœur. Si vous ressentez la moindre culpabilité ou contrainte (voire parfois la pitié) ne donnez pas, car l'argent donné avec culpabilité (la « mafia de l'esprit ») ou avec un sentiment d'obligation ne bénira personne – ni le mendiant, ni vous-même. Par contre, si vous ressentez une véritable compassion, allez-y. (La pitié nous met sur un piédestal par rapport à l'autre, alors qu'avec la compassion, nous l'invitons dans notre cœur, sans prendre sa douleur sur nous).

Puissions-nous un jour, en Occident, arriver au niveau de développement de ces populations polynésiennes dans le langage desquelles les pronoms possessifs n'existent même pas !

Une gratitude et un contentement qui ne tarissent jamais

C'est essentiellement la perte du sentiment de gratitude dans notre culture qui rend possible le gaspillage insensé qui nous caractérise. Il est presque impossible de gaspiller une chose pour laquelle on est profondément reconnaissant.

J'ai eu l'occasion de vivre sept ans au Sahel, notamment pendant la dramatique sécheresse du début des années 70. En 1987, au cours d'un voyage de 14 000 km dans plus de 100 villages africains, j'ai visité un village malien, Sémari, au pays Dogon, dont les femmes, en saison sèche, marchent 40 km par jour pour l'eau, souvent par des températures dépassant largement 40 degrés.

Depuis, l'eau est devenue pour moi quelque chose d'extraordinairement précieux. J'ai mis au point de nombreuses petites stratégies personnelles pour l'économiser. L'eau qui coule sur demande d'un robinet est pour moi une source de reconnaissance intarissable.

Plus vous ressentirez au fond du cœur une gratitude sincère, profonde, moins vous aurez besoin de consommer. Alors un contentement qui dépasse tout ce que vous pouvez imaginer s'installera au plus profonde votre être. C'est là, peut-être, le plus beau cadeau de la vie.

Une histoire parle d'une petite vieille de 92 ans, légalement aveugle, dont le mari venait de décéder (ils avaient vécu ensemble 70 ans !). Elle avait donc décidé d'entrer dans un établissement pour personnes âgées. Toujours bien coiffée et maquillée, elle était debout chaque matin à 8 heures, pimpante et alerte.

Après plusieurs heures d'attente dans le vestibule du home, sa chambre fut finalement prête. L'infirmière qui l'accompagnait lui fournit une description de sa chambre, y compris les rideaux en dentelle sur les fenêtres. « *Ah, combien j'adore ma chambre* » dit-elle avec l'enthousiasme d'une petite fille à qui on présente un chiot longtemps attendu.

« *Mais Mme. Durand, vous ne l'avez pas encore vue* » dit l'infirmière. « *Cela n'a aucune importance* » répondit-elle. « *Le bonheur et le contentement sont quelque chose qu'on décide à l'avance. Si j'aime ma chambre ou non n'a rien à faire avec l'arrangement du mobilier, cela dépend de la façon dont j'arrange ma pensée. J'ai déjà décidé de l'aimer. C'est une décision que je prends chaque matin quand je me réveille. J'ai un choix à faire dès le départ : je peux rester au lit en pensant à toutes les parties de mon corps qui ne marchent plus tellement bien, ou sortir du lit en exprimant la gratitude pour ce qui fonctionne encore.*

Chaque journée est un cadeau, et aussi longtemps que mes yeux s'ouvriront le matin, j'exprimerai de la reconnaissance pour tout ce qui m'attend et tous les souvenirs merveilleux que j'ai consignés dans la banque de ma mémoire. Pendant toute ma vie, j'y ai consigné ce qui marchait bien, et maintenant, j'en retire les intérêts ».

À chaque instant, nous choisissons les dépôts que nous voulons faire.

Notre société engendre un cercle vicieux qui est totalement inextricable au plan matériel : on pousse les gens à consommer toujours plus, on leur dit que le dernier modèle est le seul qui puisse les satisfaire (ou les maintenir à la mode, dans le vent), et ce faisant on crée une frustration permanente qui rend la gratitude et le contentement impossibles. Donc le désir de consommer toujours plus devient de plus en plus intense et frénétique. (Le monde dépense actuellement 500 milliards d'euros en publicité à titiller les désirs des gens, mais comme le disait Proust, « Plus le désir s'avance, plus la possession véritable s'éloigne ».)

Le cul-de-sac collectif est programmé, il est dans les gènes de l'économie de marché même. ***Ce n'est qu'une question de temps avant que le système actuel, soit accepte de se corriger radicalement, soit s'effondre dans les contradictions qu'il a lui-même engendrées.***

En cultivant consciemment, quotidiennement la gratitude pour les plus petites choses, vous vous préparez à découvrir la richesse la plus grande de la planète : le contentement intérieur. Ce dernier est un état de béatitude sereine, de présence à l'instant présent, de confiance profonde en l'univers, de plénitude du cœur à côté de laquelle les mirages de la société de consommation paraissent comme de pathétiques petits amuse-bouche. Au fur et à mesure que vous progressez sur le chemin spirituel, ce contentement intérieur imprégnera tout votre être. L'envie de choses matérielles tombera comme une vieille pèlerine trouée. La vie sera vécue de plus en plus comme un cadeau (l'instant « présent ») et la gratitude deviendra le mode dominant de votre pensée. La canadienne Erica Erdmann a bien décrit cet état : « *L'esprit, rejetant l'encombrement et la confusion de l'hyperstimulation, devient conscient de l'essentiel. On fait l'expérience de la vie comme un nouveau cadeau, et la croissance intérieure est ressentie comme une exaltation sereine qui ne peut être achetée* ***à aucun prix*** ».

Donner et recevoir, c'est la même chose

Une des découvertes les plus splendides que fait la personne qui explore les dimensions spirituelles de l'argent, c'est que, puisque *l'argent est une énergie d'amour*, (c'est la définition spirituelle de l'argent qui sous-tend cette troisième section), donner et recevoir sont simplement deux modes de la même danse de vie.

Quand je donne, je reçois la gratitude de celui à qui je donne, je me sens utile, donc heureux et reconnaissant, d'être un simple instrument de la vie. Je suis la flûte du poète indien Rabindranath Tagore, qui écrivait : « Que je fasse de ma vie une chose simple et droite comme une flûte de roseau que Tu puisses emplir de Ta musique ». Je suis humblement reconnaissant à celui qui accepte mon modeste cadeau et qui par là même enrichit le sens de mon existence.

Comme le disait Kahlil Gibran, un des plus grands poètes de tous les temps dans son livre *Le prophète* :

« *Il en est qui ont peu, et qui le donnent entièrement.*
Ceux-ci croient en la vie et dans la bonté de la vie, et leur coffre n'est jamais vide.
Il en est qui donnent avec joie, et cette joie est leur récompense.

Il en est qui donnent avec douleur, et cette douleur est leur baptême.
Il en est qui donnent et ne ressentent ni douleur, ni joie, et ne sont pas conscients de leur vertu : ils donnent comme dans la vallée là-bas le myrte exhale son parfum dans l'espace.
Par les mains de tels êtres Dieu parle, et à travers leur regard, il sourit à la terre...
Car en vérité c'est la vie qui donne à la vie – alors que vous, qui imaginez être donneurs, n'êtes en réalité que témoins »

Une fois de plus, quand on a compris que du point de vue énergie, *donner* et *recevoir* sont *la même chose* – car ce sont là deux mots créés par le mental pour décrire ce qui n'est qu'un flux unique et infini d'énergie universelle - on prend conscience qu'un don fait avec un motif honnête ne peut jamais nous appauvrir, pas plus que de retenir la richesse ou la garder pour soi, ne peut nous enrichir.

Pour celui qui a compris que donner, c'est simplement **célébrer la vie**, l'attente de la gratitude pour le don est remplacée par la reconnaissance envers celui ou celle qui reçoit notre don, quelle que soit la forme que prend ce dernier.

Redéfinir la richesse et la sécurité

Définir la richesse en termes essentiellement matériels, comme le font nos sociétés, devient un exercice de plus en plus périlleux. Depuis 50 ans, ce dinosaure statistique qu'est le Produit Intérieur Brut – qui est une mesure purement matérielle de la production d'un pays - est utilisé pour classer la « richesse » des nations.

Trop souvent, les individus mesurent leur valeur et leur succès également en termes matériels, comme si la possession d'une Mercedes ou d'une villa pouvait donner la moindre indication sur qui ils sont dans leur identité profonde, dans leur vraie valeur.

Au cours d'une vie bien remplie, j'ai eu le privilège de rencontrer des personnes de tous les milieux sociaux – prêtres et prisonniers, prostituées et présidents - de nombreuses classes et cultures. J'ai rencontré trop de « riches » qui n'étaient que des coquilles vides et pour lesquels je ressens la plus profonde compassion, et tant de « pauvres » qui m'ont enseigné quelques-unes des plus importantes leçons de vie et qui, surtout les femmes, restent pour moi des modèles d'héroïsme et de courage.

N'est-il pas évident ***que la vraie richesse d'une personne, et donc sa sécurité ultime, est constituée par les qualités qu'elle rayonne ?*** Sa joie et sa créativité, son amour et sa force, sa générosité et sa tendresse.

L'auteur anonyme du texte classique suivant, découvert en 1692 sur les murs d'une vieille église de Baltimore, aux États-Unis, semble avoir bien intériorisé cette richesse intérieure.

DÉSIRS

Allez tranquillement parmi le vacarme et la hâte, et souvenez-vous de la paix qui peut exister dans le silence. Sans aliénation, vivez autant que possible en bons termes avec tous. Dites doucement et clairement votre vérité ; et écoutez les autres, même le simple d'esprit et l'ignorant - ils ont aussi leur histoire. Évitez les individus bruyants et agressifs, ils sont une vexation pour l'esprit. Ne vous comparez avec personne : vous risqueriez de devenir vain ou vaniteux. Il y a toujours plus grands et plus petits que vous. Jouissez de vos projets aussi bien que de vos accomplissements. Soyez toujours intéressés à votre carrière, aussi modeste soit-elle : c'est une véritable possession dans les prospérités changeantes du temps. Soyez prudents dans vos affaires, car le monde est plein de fourberies. Mais ne soyez pas aveugles en ce qui concerne la vertu qui existe : bien des individus recherchent les grands idéaux, et partout la vie est remplie d'héroïsme. Soyez vous-même. Surtout, n'affectez pas l'amitié. Non plus ne soyez cyniques en amour, car il est en face de toute stérilité et de tout désenchantement aussi éternel que l'herbe. Prenez avec bonté le conseil des années, en renonçant avec grâce à votre jeunesse. Fortifiez une puissance d'esprit pour vous protéger en cas de malheur soudain. Mais ne vous chagrinez pas avec vos chimères. De nombreuses peurs naissent de la fatigue et de la solitude. Au-delà d'une discipline saine, soyez doux avec vous-même. Vous êtes un enfant de l'univers, pas moins que les arbres et les étoiles - vous avez le droit d'être ici. Et que cela vous soit clair ou non, l'univers se déroule sans doute comme il le devrait. Soyez en paix avec Dieu, quelle que soit votre conception de Lui. Et quels que soient vos travaux et vos rêves, gardez dans le désarroi bruyant de la vie, la paix dans votre âme. Avec toutes ses perfidies, ses besognes fastidieuses et ses rêves, le monde est pourtant beau. Soyez attentifs. Tâchez d'être heureux.

Il semble tellement évident qu'il n'existe aucune sécurité réelle au niveau matériel. Vos millions peuvent-ils vous protéger contre un virus inconnu ou contre un terroriste fou ? Peuvent-ils garantir que votre femme et vos enfants, vos amis ou votre amante vous aimeront toujours, ne vous abandonneront jamais ?

Le Forum de Davos, en Suisse, réunit chaque année les plus riches et les plus puissants de la planète. Un forum des « altermondialistes » qui représente les citoyens du monde se tient depuis quelques années. En 2004, ce dernier forum a eu lieu à Bombay. Le contraste entre ces deux rencontres était saisissant. À Davos, des mesures de sécurité sans précédent, incluant l'armée suisse avec ses blindés, des avions de chasse et des hélicoptères. Barbelés et barbouzes barricadaient l'entrée des lieux. Les participants ont peu partagé, si ce n'est des paroles. Et les intervenants étaient avant tout des hommes, des hommes, des hommes.

De qui se protégeaient-ils ?

De leur propre peur ?

À Bombay : peu de mesures de sécurité. Des centaines de forums ouverts à tout le monde. De la musique et des danses, du théâtre et du mouvement, et autant de femmes que d'hommes. Ils ont beaucoup partagé, avant tout eux-mêmes.

De qui se seraient-ils protégés ?

Loin de moi de vouloir suggérer une dichotomie simpliste entre « bons » et « méchants ». Il y a des personnalités tout à fait remarquables dans la mouvance de Davos et qui recherchent sincèrement des solutions gagnant-gagnant, tout comme il existe des démagogues pense-petit qui font du clientélisme parmi les altermondialistes. Mais il faut quand même reconnaître que ces deux conférences symbolisaient deux mondes : un pouvoir fermé, masculin, basé sur la puissance de l'argent et qui cherche avant tout à maintenir ses privilèges d'un côté ; et l'autre plus populaire, démocratique et sensible à l'énergie féminine, basé sur le pouvoir des réseaux et recherchant un monde qui marche pour tous.

Nous sommes sur cette terre pour une seule raison : *célébrer la vie.* Et la forme suprême de cette célébration, c'est l'amour et le partage.

Je répète, la seule richesse que rien ne peut entamer, la seule sécurité que rien ne peut menacer réside dans notre capacité à aimer.

L'écrivain autrichien du siècle dernier, Stephan Zweig, a écrit une merveilleuse histoire qui narre sa rencontre avec Anton, un homme qui sortait tout à fait de l'ordinaire. L'auteur parle d'Anton comme d'un homme « qui avait choisi de ne pas se soumettre à la plus grande puissance en ce monde, celle de l'argent » en créant son propre système économique basé entièrement sur la confiance. « *Il misait sur l'honnêteté de ses semblables. Au lieu de déposer de l'argent à la caisse d'épargne, il préférait se procurer auprès de son entourage un avoir en obligations morales. Il disposait d'une petite fortune répartie dans des crédits pour ainsi dire invisibles. Il n'était pas possible, même au cœur le plus endurci, de se soustraire à un sentiment de dette à l'égard de quelqu'un qui accordait ses services comme une marque d'amitié et de faveur, sans jamais réclamer aucune rémunération.* » On le payait bien sûr, soit en nature, soit en argent, selon ses besoins du moment. Pourtant il n'acceptait que ce qui lui était strictement nécessaire.

Un SDF avant la lettre, Anton, qui semblait savoir absolument tout réparer (l'électronique n'existait pas en 1925 !) avait gagné la confiance d'une bourgade entière par la qualité des liens qu'il avait tissés avec tous. Toute personne qui avait la moindre chose à réparer, ou avait besoin d'un coup de main, fut-ce pour servir à une fête, s'occuper d'enfants, tenir un stand au marché, savait qu'elle pouvait faire appel à Anton. Même un système monétaire menacé d'effondrement ou une monnaie rendue pratiquement sans valeur par une inflation galopante, ne pouvait toucher Anton, dont la sécurité reposait sur *qui il était comme personne.*

Quand nous quitterons cette terre pour continuer notre voyage, nous n'emporterons avec nous ni notre compte en banque ni notre réputation, ni notre villa ni notre savoir humain, ni nos investissements ni nos relations. La seule chose que nous emporterons, et la seule qui nous sera *indispensable* pour la suite du voyage, c'est une fois de plus notre capacité à aimer.

Il y a quelque temps, j'ai reçu par courrier électronique un très beau message d'une adolescente dite « indigo ». (On entend par ce terme des enfants avec une capacité et une vision spirituelles qui dépassent de loin la norme). Je voudrais terminer cet ouvrage par ce message, qui nous est adressé par l'univers, et qui nous rappelle le sens ultime de la vie :

« *Vous êtes unique et beau, et capable au-delà de toute mesure d'aimer avec l'amplitude de l'Esprit, quelle qu'ait été votre expérience passée. Rappelez-vous : votre histoire [passée] n'est pas Qui Vous Êtes.*

J'ai eu une enfance incroyablement violente. Mon corps, mon esprit et mes émotions furent abusés de façon difficilement imaginable. Donc je sais ce que c'est de venir d'un passé sans amour.

Mais la vérité, c'est qu'aucun d'entre nous n'est endommagé de façon permanente. Quoiqu'il se soit produit autrefois, il y a toujours la possibilité de guérir et de croître. D'avoir été victime ne justifie pas de le rester. Ce sont là des excuses que nous nous donnons pour ne pas grandir spirituellement.

Vous êtes votre propre puissance supérieure. Vous n'êtes pas seul. Vous êtes déjà libre.

Dans la flamme de l'Amour, rien d'autre n'existe. Aucune négativité, aucune obscurité ne peut demeurer dans la lumière de l'Amour.

Vous n'avez pas besoin d'avoir des pouvoirs psychiques ou des dons exceptionnels pour aimer. Soyez qui vous êtes. Vous êtes un enfant de l'amour, spécial et parfait sous tous les angles. Vous avez quelque chose de très important à donner simplement par votre être. Le monde attend que vous vous ouvriez. Ouvrez votre cœur, que l'amour y rentre et en sorte. Que l'amour soit le motif de tous vos actes. Que l'amour soit la première chose à laquelle vous pensiez en vous réveillant, et la dernière en vous couchant. Laissez l'amour remplir chacune de vos cellules jusqu'à déborder dans le monde. Que l'amour soit votre don spécial – c'est ce que vous êtes censés exprimer.

À chaque instant, prenez l'amour un pas plus loin. Laissez-le grandir et grandir. L'amour est sans limite, comme est votre capacité à l'exprimer et à en faire l'expérience. Il n'y a pas de limite, pas de règle, pas un chemin spécifique. Plus vous vous ouvrez, plus l'amour vous enseignera, vous remplira, émanera de vous. N'attendez pas. Commencez maintenant. Ayez du courage, une intention claire, soyez consentants. Que l'amour soit la vérité que vous représentez, l'outil que vous portez, et le véhicule qui vous emmène à chaque nouveau pas.

Il est temps. Allons. Aimons. »

Nastata-La

Chacun et chacune de nous est déjà, aujourd'hui, millionnaire en capacité d'aimer.

Plus nous exprimons cet amour aux autres, plus il se manifestera dans notre vie, matériellement, humainement, spirituellement. Plus notre vie s'enrichira d'une façon que nous n'arrivons même pas à imaginer.

Les portes d'un autre possible sont grandes ouvertes.

Allons-nous entrer ?

Bibliographie

René Blind et Michael Pool, *Du trop avoir au mieux être*, Éditions Jouvence, 2001

William Bloom, *Money, Heart and Mind*, Viking, 1995

Joe Dominguez et Vicki Robin, *Votre vie ou votre argent*

Margrit Kennedy, *Libérer l'argent de l'inflation et des taux d'intérêt*, Éditions Vivez Soleil, 1996, (épuisé)

Roger W. McGowen, *Messages de vie du couloir de la mort*, Éditions Jouvence, 2003

Bernard Lietaer, *The Futur of Money*, Century, 2001

Maria Nemeth, *Libérer l'énergie de l'argent*, Éditions Jouvence, 2002

Pierre Pradervand, *Découvrir les vraies richesses*, Éditions Jouvence, 1996

Pierre Pradervand, *La vie simple*, Éditions Jouvence, 1999

Pierre Pradervand, *Plus jamais victime*, Éditions Jouvence, 2001

Paul H. Ray et Sherry R. Andersen, *L'émergence des créatifs culturels*, Yves Michel, 2001

Georges Soros, *Le défi de l'argent*, Paris

Les stages Vivre Autrement :

L'auteur de cet ouvrage organise, en été, à 2100 m, dans un vieux chalet restauré situé dans un décor exceptionnel des Alpes suisses, des stages de week-end ou de six jours qui, depuis de nombreuses années, aident leurs participants à vivre de façon plus équilibrée et moins stressée des vies basées sur les vraies valeurs. Au printemps et en automne, ces stages sont animés le week-end ou sur une journée à Lausanne. Il propose également des stages sur un week-end en Belgique.

Stages de six jours :

Recréer sa vie
Ressourcement total
Exprimer sa créativité par la peinture
Les bases du développement personnel, etc.

Stages sur un week-end ou une journée :

Apprendre à s'aimer
Pardonner le passé, lâcher-prise
Assumer la responsabilité de sa vie
Gérer son argent dans la liberté
Le simple art de bénir
Le grand OUI à la vie
La guérison spirituelle, etc.

Ces stages ouvrent des pistes qui permettent à chacun d'amorcer ses propres réponses aux questions qu'il se pose.

Voir le programme sur le site :
www.vivreautrement.ch

Pour plus d'informations :
Vivre Autrement
3, boulevard James Fazy
CH-1201 Genève
Tél./fax : +41 22 731 88 39
Courriel : info@vivreautrement.ch
www.vivreautrement.ch

Votre dîme inspirée

Après avoir souligné la joie immense qu'il y a à donner, nous indiquons pour ceux qui le désireraient trois organisations actives dans le domaine du développement :

France : Association Pour les Enfants du Vietnam, 30, rue Charonne, 75011 PARIS - Identifiant national bancaire : RIB Crédit Lyonnais Paris Italie 30002 00461 0000446402B 55
L'association prend en charge les enfants en bas âge de 3 à 6 ans dans les régions montagneuses reculées ou les régions de pêche au centre Vietnam. Un euro par jour couvre le déjeuner, le goûter et la scolarité d'un enfant.

Suisse : Association Idées'Elles, B.P. 2078,
CH - 1920 MARTIGNY 2 CCP 17-407723-6
idees_elles@romandie.com
Cette association finance les activités d'une cinquantaine d'associations féminines au Mali par l'apport de microcrédits. L'organisation et le suivi sont assurés par l'ONG malienne Prométhée

International : Fondation Sommet Mondial des Femmes
B.P. 2001, 1211 GENEVE 1
www.woman.ch* • *wwsf@vtxnet.ch
CCP 12-100651-8 Compte bancaire : UBS Genève No 297-C8112.823.0
La FSMF a créé un Prix pour la créativité des femmes en milieu rural qui récompense les plus pauvres parmi les pauvres de la planète, lancé la Journée mondiale pour la femme rurale ainsi que la Journée mondiale pour la prévention des abus contre les enfants (pédophilie surtout).

Achevé d'imprimer sur rotative par l'Imprimerie Darantiere à Dijon-Quetigny en juillet 2009 - Dépôt légal : novembre 2004 - N° d'impression : 29-0967

Imprimé en France

IMPRIM'VERT
Votre imprimeur agit pour l'environnement

Dans le cadre de sa politique de développement durable, l'imprimerie Darantiere a été référencée IMPRIM'VERT® par son organisme consulaire de tutelle. Cette marque garantit que l'imprimeur respecte un cycle complet de récupération et de traçabilité de l'ensemble de ses déchets.